税務署員がこっそり教えるお金の裏ワザ

サラリーマン最強の蓄財術

大村大次郎
Omura Ojiro

Chuko Shinsho
La Clef
544

中央公論新社

はじめに

筆者は元国税調査官です。国税調査官というのは平たくいえば税務署員です。

税務署員というのは、非常に特殊な職業です。

個人や会社の収入、資産を調べ、適切に税金が払われているかどうかをチェックするのが仕事です。日本中のさまざまな個人や会社の金銭の授受、蓄財の具合いを見ることになります。

必然的に、お金に関する法律、特に税法に非常に強くなります。

また、金持ちや儲かっている会社の経営者と仕事柄いつも接しているので、お金儲けの方法や、資産管理の方法も、おのずから会得していきます。

そして、お金が人や生活に与える影響も熟知しているのです。

つまりは、お金に強くなるのです。

それは当然、自分の生活にも反映されます。

たとえば税務署員というのは、若くして持ち家がある人が多いものです。

40歳前後の税務署員の大半は、家を持っているといえます。

普通のサラリーマンならば、なかなかそうはいかないはずです。

しかし、決して税務署員の給料は高いわけではありません。

詳しくは本文で述べますが、税務署員の給料は、普通の国家公務員とほぼ同等です。中小企業もすべてひっくるめた一般サラリーマンの平均より少し高いくらいで、大手企業とは比べようもありません。

だから、税務署員は特段の高い給料をもらって、それで蓄財しているわけではないのです。

では、どうやって蓄財しているのでしょうか？

それは仕事で身に着けたお金に関する技術をフルに使っているのです。詳しくは本文で述べますが、税務署員の多くは生活に負担感が生じない方法で、年間40～50万円の蓄財をしています。また自治体の補助金などを上手に使って、何百万円もの経済的利益を得ている人もいます。その技術を知っているのと知らないのとでは、サラリーマン生活の中で軽く１００

0万円以上の違いはあるはずです。

その技術をご紹介しよう、というのが、本書の趣旨です。

もちろん普通のサラリーマンの方でも、すぐに始められるスキームが満載です。

といっても、難しい話ではありません。すぐに理解できて、気軽に始められる情報ばかりです。

どうぞ、気楽に読んでください。必ずや、本の値段以上の利益になる情報が得られると自負しております。

目次

第3章　税務署員は持ち家率が90％以上　81

第4章　なぜサラリーマンが不動産賃貸すると得するのか？　119

第7章　借金上手は蓄財上手　181

本文ＤＴＰ・図表作成／市川真樹子

税務署員がこっそり教えるお金の裏ワザ

サラリーマン最強の蓄財術

第1章

税務署員は「お金」の現実を知っている

ほんのちょっとの知識でお金は全然違ってくる

この本は、税務署員がやっている蓄財術、お金の裏ワザを紹介しようというものです。

税務署員というのは、かなり特殊な職業といえますが、かといって、彼らのやっている蓄財術は、普通の人にできないものではありません。

税務署員も、社会的な〝身分〟でいえばサラリーマンです。

普通に給料をもらって生活をしています。その中で、上手に蓄財をしているのです。

しかも、それほど労をかけているわけでもありません。

蓄財をするには、毎日、毎日、すごい労力をかけたり、厳しい節約に勤《いそ》しむような必要はないのです。そんなことをすればすごくストレスになりますし、ほとんどの人は長続きしません。

ほんのちょっとの知識と、ほんのちょっとの手間でいいのです。それだけで、経済生活はかなり違ってくるものなのです。

税務署員は、その仕事柄、大金持ちや事業に成功した人をたくさん見ています。

そういう人たちというのは、パッと見、普通の人とそれほど変わるものではありません（非常な変わり者も時々いますが）。

彼らは、普通の人よりもちょっとだけ知識や情報を持ち、ちょっとだけ手間をかけている、ということが多いのです。たったそれだけで経済的に成功したり、大きな蓄財ができているのです。

要は、「ほんのちょっとでいいから、お金について研究してみる」「ほんのちょっとでいいから、お金のために努力してみる」ということです。

一番ダメなことは、「どうせそれほど収入に大きな変動がないのだから、何をしてもたかが知れている」と諦めてしまい、ほんのちょっとの努力もしなくなることです。そして、給料をもらいっぱなし、使いっぱなしの生活をしてしまうことです。

たとえば、ダイエットでもそうですよね？

毎日一食にするとか、何日も炭水化物を抜くとか、そんな厳しいことをやろうとしても、なかなか続くものではありません。

かといって何もしないと、健康上、外見上、悲惨なことになってしまいます。

ただ、日頃の暴飲暴食をやめる、ほんのちょっとだけ食に気を付けてみる。たったそれだけのことで、何もせずに食べたいだけ食べる生活と比べれば、全然違ってくるはずです。

経済生活でも同様です。

今まで、お金のことを何も考えずに生活をしてきた人は、ほんのちょっとだけお金について考えるようにしてみる、本書に載っている方法の中で、自分ができそうなものを一つでもやってみる、それだけで、全然違ってくるはずです。

たとえば、毎月5000円だけ財形貯蓄（62ページ参照）をしてみるとか。

たったそれだけのことでも、お金に気を付けるようになりますし、お金に希望を見出せるようになるはずです。そして、それが長期間にわたると、随分大きな違いが出てくるのです。

実は税務署員は安月給

「はじめに」でも述べたように、税務署員は、ほとんどの人が30代で、遅くとも40歳半ばくらいまでには家を買いますし、老後もかなり豊かな生活をしています。

そんなことをいうと、

「税務署員というのは給料がいいんじゃないか」

と思う方もいるでしょう。

しかし、決してそうではありません。

人事院の調査によると、平成26年度の税務署員の平均給与は約534万円です。

一方、国税庁の調査によると、平成26年の民間の給与平均は415万円です。税務署員は、民間の平均収入よりも120万円も高いわけです。

「やはり税務署員の給料は高いじゃないか」

と思われた方、まあ最後まで話を聞いてください。

民間給与の男性だけの平均を見てみると、514万円なのです。

税務署の場合、職員の8割以上が男性です。ほとんどが男だといっていいでしょう。また税務署員の場合、男性と女性の給料の差はほとんどありません。だから、税務署員の男性の平均給与は税務署員全体の平均給与とほぼ同じと見なせるので、おそらく534万円程度なのです。

つまり、男性の平均給与を比較してみると、民間企業とほとんど変わらないのです。

まあ、それでも民間企業よりも、年間20万円程度は高いことになります。が、税務署員というのはこれでも国家公務員でして、倍率も非常に高いし、採用試験もそれなりに難関です。

普通の民間企業よりは、かなり狭き門といえるでしょう。

公務員採用試験に受かる人というのは、民間企業を受ければ、それなりの大企業に採用されてもおかしくない程度のスキルはあるはずです。

それなりの大企業に入れば、それなりの給料がもらえるはずであり、それと比べれば、公務員の給料は、かなり割安な感じがするのではないでしょうか？

また、今は就職難であり民間の給与が安く抑えられているので、国家公務員の給料は比較的、高いように見えますが、バブル期の頃などは、民間のほうがよほど高かったのです。

総じていえば、国家公務員の給料は決して高くはないし、税務署員の給料も決して高くはない。大企業に比べればかなり低いということです。

つまり、**税務署員は決して高くはない給料の中で、かなり裕福な生活をしている**のです。

税務署員は賄賂をもらっているのか？

「税務署員は給料は安いかもしれないけれど、賄賂をもらっているんだろう？　だから、裕福な生活をしているんだ」

そういうふうに思っている人もいるかもしれません。

時代劇の悪代官などに見られるように、役人といえば、「賄賂で私腹を肥やす」というイメージを持っている方もいるでしょう。

が、現代の公務員というのは、そう簡単に賄賂などもらえるようにはなっていないのです。

特に税務署員の場合は、賄賂に対して非常に厳しく自制が求められているのです。

「税務署員の収賄事件が時々報じられるじゃないか」

と反論される方もいるでしょう。

確かに、年に一度くらいは、税務署員の収賄事件がニュースになります。税務署員の収賄がまったくないとは、筆者はいいきれません。

が、誤解のないようにいっておきますが、税務署員のほとんどは賄賂などはもらっていません。

いや、たまに税務調査に行ったときに、調査先の企業からランチをご馳走になるようなことはあります。

調査先で何かをご馳走になることは、内部規定で禁止されているのですが、仕事の流れの中でどうしても断れないときもあるのです。でもせいぜいそのくらいであり、金品をもらったりということは、普通の税務署員はまずありません。

税務署というのは、実は非常に厳しい職務規律を持っています。

たとえば、税務署員は、2~5年に一度は転勤があります。

これは勤務地域の人たちと仲良くならないように、ということなのです。地域の人たちと仲良くなれば、どうしても、税務面で「手心を加える」という者がでてこないとも限りません。それを避けるために、税務署員はあらかじめ地域の人と仲良くならないように、転勤を義務づけられているのです。

そのような厳しい規律がいくつもあるのだから、そうそう賄賂などはもらうことはないのです。

筆者は、これまでさんざん税務署の悪口を書いた本を出版してきました。その筆者が、いうのだから、間違いないのです。

こと賄賂に関しては、税務署員は非常にきれいな人種です。

だから収賄によって私腹を肥やすというようなことは、ほぼあり得ないのです。

税務署員はお金の本質を知っている

税務署員というのは、日々、お金に関する仕事に携わっています。

成功した事業家のところにいって、課税漏れを指摘することもあれば、税金が払えずに泣きついてくる納税者の相手をしなければならないこともあります。お金を稼ぐために、死にもの狂いで奔走している経営者と接することもあります。

その一方で、すごく紳士的な成功者がこと税金に関しては非常にシビアでケチだった、などということはよくあることです。また、人の良さそうな老職人が、わずかばかりの税金を誤魔化していたなどということにもよく遭遇します。

納税者の中には、ほんのわずかな税金を逃れるために、ありとあらゆる手を尽くす人もいるのです。

お金というものに、人はどういう感情を抱くのか、お金は人生にどんな影響を与えるのか、身をもって知っているのです。

だから、税務署員はいやがおうにも、お金に関して真剣にならざるを得ないのです。

世間では、お金を「汚いもの」と考えている人がまだいます。「お金の話をするのは嫌」とか「お金を儲けるために労力を使いたくない」とか、そういう人って、けっこういますよね？

でも、税務署員は決してそうではありません。職業柄、お金というものの現実を直視せざるを得ませんから。

お金の現実を日々見ている税務署員たちは、お金に関して、無駄な虚栄心は持ちません。お金は、その人の人生や、社会の中で重要な地位を占めている、それは紛れもない事実。その事実を無視して人生はやっていけない、ということです。

お金なしで生きていけるんだったら、お金のことを考えなくてもいいでしょう。でも、今の世の中で、それは不可能です。

「お金のことを考えたくない」と思っている人でも、ほとんど毎日、何かしらお金を使っているはずです。

そして、「お金は汚い」と思っている人たちも、本音では裕福になりたいと思っているのです。でも、お金のことを考えるのは面倒くさい、カッコ悪いなどと思っているので、お金のことを忌避してしまうのです。

そういう人たちは、得てしてお金のことは、他人に任せっきりにしてしまいます。会社で働いていても、どうやったらお金が貯まるかとか、将来の資金計画を立てるなどの努力をしないのです。

それでいて、自分の取り分が少なくなったら、世間に文句をいったりするのです。

お金のことについてちゃんと考えないと結局、お金で苦しむことになるのです。

お金のことを避けて通ってはダメ

税務署というのは、お金にきっちりした職場です。

たとえば、飲み会のときの支払いなどでも、非常にきっちりしています。

全部、割り勘ということではありません。普通の職場と同じように（もしくはそれ以上に）、先輩が後輩に奢ることは多いです。が、お金の支払いに関して、曖昧なことは絶対にないのです。誰がいくら奢るとか、いくらずつ払うということは、非常に明確にされ、もし立て替えた場合でも、翌日きっちり集金がなされます。

いいかえると、署員全員が「お金にルーズではない」のです。

これが他の職場であれば、そうはいかないはずです。やたら奢りたがる人や、やたら支払いを避ける人、あるいは徴収するときにルーズな人など、お金に対していろいろな反応をする人がいるはずです。

日本の社会にはいまだ、お金の話をするのはみっともないというか恥ずかしいような空気が、多かれ少なかれあるものです。

しかし、税務署にはそういう空気は一切ありません。

もし、税務署でそういう人がいれば、たちまち悪評が立ってしまいます。

税務署の仕事というのは、お金にきっちりしていないと務まらないものです。

だから、お金にルーズな人は信用されないのです。

お金の交渉を嫌がる人って、けっこういますよね？

「なるべく、お金の話はしたくない」というような。

お金の交渉は誰だって面倒くさいものなのです。

商売をされている方はわかると思いますが、商売で一番大変なのは客にお金を払ってもらうことです。客によっては、商品（サービス）だけ先に受け取っておいて、支払いになると値切ろうとしたりする人もいますし、いつまで経っても払ってくれない人もいます。

そういう人に対してうまく交渉し、きちんとお金を払ってもらうには、けっこうエネルギーが必要です。

これは商売をされている方だけに限りません。

友人知人との飲食での支払いだってそうです。

誰が出すのか、割り勘にするのか、割り勘にした場合、誰が集金して店に払うのか、そういうのって面倒くさいでしょう？

後で払うといっておいて、なかなか払ってくれない人などもいます。下手にうるさくいえば、逆に自分が金に汚い人だと思われるリスクもあります。

そのため、「いいや、自分が我慢すれば」とその場を収めてしまう人も多いはずです。

しかし、その場では我慢できても、だんだん腹が立ってきたり、そういうことが度重なれば、相手の人と疎遠になったりしてしまうこともあります。そうなれば、誰もが不幸になってしまうのです。自分のため、友人知人のためにも、お金の交渉を面倒くさがってはいけないのです。

「お金を汚い」

といっているような人も、本音をいえば、お金の交渉が面倒くさいだけなのです。だから、自分はお金に関しては文句をいわない、というような姿勢を取りたがるのです。

しかし、そういう人でもお金のことで自分が損をすれば、面白くないし、根にもったりするわけです。

そして人間関係が悪化したりもするわけです。

税務署員はへそくりもうまい

実は税務署員は、へそくりもうまいのです。

近頃のサラリーマンのほとんどは、給料が銀行振り込みになっています。だから、妻に銀行預金を握られてしまえば、へそくりはできないものです。

が、そういう中でも、税務署員はへそくりをしているケースが多々あるのです。

税務署員の手当の中には、振り込みではないものもあります。出張費、調査費などを後で現金でもらうこともあるのです。そういう「雑収入」を妻に申告せずに、着服してしまうのです。まあ、こういうことは、他のサラリーマンもやっていることであり、可愛いものです。

が、もっと本格的な「不正工作」を行って、へそくりをしている税務署員もいます。

たとえば、こういうことをしている税務署員もいました。

まずAとBという二つの預金口座を用意します。Aの口座の通帳を妻に渡し「これが給料の振り込み口座だ」と説明しておくのです。でも、税務署から実際に振り込まれる口座は、Bです。

この税務署員は、Bの口座に給料を振り込ませ、それから自分のへそくり分を差し引いた分を、妻が管理しているAの口座に、税務署の名義で振り込むのです。しかも、精巧な給料明細を偽造し、完璧につじつまを合わせるのです。もちろん妻は、正規の給料が振り込まれていると信じ込んでいます。

またこういう方法もありました。

税務署では、職場の共済が、署員にお金を貸してくれる制度があります。この制度を利用し、お金を借りて、それを自分の小遣いに充てるのです。返済金は、給料から自動的に天引きされます。

妻は、給料から借金の返済が行われていることなどに気づかず、それが正規の給料だと思ってしまうのです。給料明細には、借金の返済も明記されていますが、妻はなかなかそこには気づきません。

このような「高等テクニック」は税務署員ならではです。税務署員は、日々、巧妙な脱税を摘発する仕事をしています。必然的に、脱税の高等テクニックが身についているというわけです。**素人の妻を騙すことなどわけはない**、ということです。

お金はトータルで考えないと意味がない

蓄財のテクニックの基本として、お金はトータルで考えないと意味がない、ということがいえます。

税務署員というのは、会社や個人の申告内容が正しいかどうかをチェックするのが仕事です。

なので税務署員は、お金をトータルで考える癖が身についているのです。

たとえば、会社の決算書を見ると、売上と利益が非常に上がっています。しかし、それだけでこの会社は儲かっていると判断できるかというと、決してそうではないのです。

表向きの利益は上がっていても、銀行によく思われたいために、無理して利益を計上している、というようなケースはよくあります。

また売上としては計上されていても、それは危ない取引先への売上であって、まだ売上金が回収されていない、というようなケースもあります。

つまりは、表面的な数字では儲かっているように見えるけれど、実質的には全然儲かっていない会社というのは、よくあるのです。

これは、個人の金勘定でもよくある話です。

たとえば、詳細は後ほど説明しますが、日本のサラリーマン社会では古くから「持ち家論争」というのがあります。家を買ったほうが得なのか、借りたほうが得なのか、という論争です。

「住居は購入するよりも、借りたほうがトータルで安くつく、だから買うより借りたほうがいい」

そういう主張をされるケースも多いのです。

が、この主張は、単に平均寿命を基準にして「住宅購入費」と「家賃」だけを比較して論じているに過ぎません。

平均寿命を過ぎて長生きすれば、住宅を買ったほうが断然安くなります。借家の人は、長生きすればするほど住居費がかさむという、「非常に不安な老後」を送らなければなりません。また分譲住宅と借家では、同じ間取りであっても、建物にかけられたお金が全然違うのです。もし、同じ土地、同じ建物、同じ期間で比較するならば、絶対に持ち家のほうが安くつくはずなのです。

さらに、持ち家の場合、強力な相続税対策にもなります。

そういうさまざまな条件を加味して、総合的に分析しなければ、「本当に有利なこと」というのは見えてこないのです。

税務署員は税金を逃れることに躊躇しない

税務署員は、自分の収入、支払いを、数値で確かめるという癖がついています。

それは別に細かい収支決算を自分でつけているわけではありません。

給与明細や源泉徴収票をちゃんと見るだけでも、自分の収入状況はわかります。これだけで随分経済生活は違ってきます。

普通のサラリーマンって、給与明細の内容ってあまりわかりませんよね？

「手取り額」くらいしか見ませんよね？

でも、**給与明細には、自分の収入に関するさまざまな情報が詰め込まれているものであり、これをちゃんと確認するだけで、けっこうお金に対する感覚が変わるもの**です。

給与明細でちゃんと確認して欲しい項目に、「総支給額」があります。総支給額というのは、本来あなたがもらっている給料の総額です。

けっこう大きな金額になっていませんか？

それに比べて「手取り額」って、かなり少ないと思いませんか？

おそらく普通のサラリーマンの場合、総支給額に比べて、手取り額は２～３割減くらいになっているはずです。

なぜ２～３割も減っているのか、その原因を探ってみてください。

社会保険料と源泉徴収税が、大きく引かれているはずです。

これがなければ、あなたの実収入は２～３割増しになるのです。

社会保険料は、なかなか減らすことができません。が、**源泉徴収税というのは、頑張れば減らすことができます**。

つまりは、節税ということです。

税務署員は節税することにまったく躊躇《ちゅうちょ》しません。税務署員は節税は、国民の当然の権利だと思っています。節税に関して自分が持っている知識はフルに生かしますし、日々、研究もしています。中には、法律ギリギリの節税策を施している人もたくさんいます。

サラリーマンの節税方法については、拙書『サラリーマンの9割は税金を取り戻せる』で詳しく述べていますので、本書ではさわりだけ紹介しますね。

現在、サラリーマンがもっとも手っ取り早くできて、効果のある節税方法というのは、**「ふるさと納税」**です。

最近よく雑誌やテレビで紹介されているので、ご存知の方も多いはずです。

ふるさと納税制度とは、自分が好きな自治体に寄付をすれば、その分だけ、所得税、住民税が安くなるという制度です。もともとは都会に住む地方出身者に、自分のふるさとに寄付をしてもらい、地方の財政を充実させよう、という目的で始められました。このふるさと納税制度は、自分のふるさとに限らず、自分の好きな自治体に寄付をしてもいいのです。だから、震災の被災地などに寄付をしてもいいわけです。

この制度を具体的に説明すると、自治体に寄付をすれば、所得税、住民税などが寄付金からマイナス2000円した額が還ってくるという制度です。たとえば、3万円寄付した場合、そのマイナス2000円、つまり2万8000円が還ってくるのです。

寄付分と減税分を相殺すれば、マイナス2000円なので得にはならないのですが、このふるさと納税制度には美味しい特典がついているのです。

ふるさと納税で自治体に寄付をした場合、自治体側が御礼として、特産品を贈るということがあるのです。

たとえば、北海道の釧路市では、5万円以上の寄付で、特産品詰め合わせとして、ほっけ一夜干し、柳かれい一夜干し、燻とば、姫しゃも、ふきっ娘、糠さんまなどの水産加工品詰め合わせ5000円相当がもらえます。

また埼玉県幸手市では、1万円以上の寄付で、特選幸手のコシヒカリ（新米15キロ、または玄米17キロ）5000円相当がもらえます。

特産品の内容などは、自治体によってまちまちですが、1万～3万円程度の寄付をすれば3000～数万円程度の特産品をもらえることになっています。

つまり2000円を出して、3000～数万円もの特産をもらえるわけですから、非常に効果的な「節税」になるわけです。

全国の各自治体は、ふるさと納税の返礼品としてさまざまな特産品を用意しています。肉、魚、米、野菜、地酒、うどん、ジャムなどの食料品から、温泉の入浴券、レストランの食事券など、誰もが何かしら欲しいと思うようなものが用意されています。

自治体のホームページなどを見れば、それを確認することができます。また最近では、ふるさと納税の特産品を集めたサイトも多々あります。

ふるさと納税制度は、有名になったとはいえ、まだまだ利用していない人も多いです。この機会にぜひ試してみてください。

自分のお金を「見える化」する

税務署員は、日々、納税者の帳簿を見ています。

帳簿を見ることによって、その納税者の経済状況を把握します。

つまりは、その人がどういう経済状況にいるかを、数値に表して確認するという癖がついているのです。

これは、経済生活の中では、けっこう大事なことです。

人は、自分にいくら収入があるのか、何にどのくらいの支出があるのか、わかっている気持ちになっています。でも、頭の中で勘定しているのと、実際に書面に数字で記すのとは、まったく違うこともあります。勘違いもけっこうあるものなのです。

効率的な経済生活を営んでいく上で、「見える化」ということが非常に大事になってきます。

自分にいくら収入があって、何にどのくらいの支出があるのか、これをなるべくきちんと把握していないと、なかなか効率的な蓄財などはできないのです。

で、皆さんにお勧めしたいのが、**自分の収支計算を数か月でいいからやってみる**、ということです。収支計算といっても難しく考える必要はありません。要は、小遣い帳をつけてみる、ということです。

小遣い帳をつければ、自分が何にどのくらい使っているのかが、わかります。実際に何にどのくらい使ったのかを金額として出してみると、自分の思っているのとは、かなり違った答えになってきたりするものなのです。

呑み代にけっこう使っていると思っていたのが、実はそれほど使っていなかったというのがわかったり、ちょっと遊んでいるつもりだったパチンコが意外に大きな出費になっていたり、などです。

そして、実際の金額がわかると、出費の多い項目にはそれを抑えようという意識が自然と芽生えてくるのです。

よく、「体重計に毎日乗っているだけで痩せられる」というようなことがメディアでよくいわれますよね？　あれは、毎日体重計に乗っていれば、今、自分が太り気味かどうかがすぐにわかるので、思ったよりも体重が増えていたら、食事の抑制に意識が向かうからなのです。

しばらく体重計に乗らずに、久しぶりに体重計に乗ったらびっくりするようなことってありますよね？　あれは体重計に乗っていなかったので、意識的な抑制ができていなかったからだといえるでしょう。

それと同じようなことです。

が、小遣い帳をいつもいつもつけるということは、けっこう大変です。苦になったりもしますよね？

なので、とりあえず2か月分つけてみてください。そうすれば、自分のだいたいの消費傾向がわかります。

なぜ2か月かというと、1か月分だけであれば、特殊な出費分などもあり平均的なことがわからないからです。2か月分つければ、自分の支出のだいたいの傾向が把握できるはずです。

そうすれば、消費生活はけっこう変わるし、そこから将来的な資金計画もある程度明確なメドが立てやすくなるものです。

第2章

生活レベルを落とさずに蓄財する方法

貯金額を増やせばいいってものじゃない

よくサラリーマン向けの雑誌などでは「30歳までに1000万円貯金する」などという特集が組まれたりします。

しかし、貯金の金額自体には、あまり意味がないといえます。

そもそも、なぜ貯蓄するか考えてみてください。

貯蓄というのは、「生涯にわたって快適な生活をするため」にするはずです。

家を買うために貯金しているという人も、煎じ詰めれば、快適な生活をしたいために家を買いたい、そのために貯金をしているはずです。老後に備えて貯金しているという人も同様です。老後に少しでも快適な生活をしたいから貯金しているはずです。

だから、快適な生活をできるだけの資産があればいいわけであり、貯金の金額自体には意味がないのです。

また、そういう本の多くは、少しでも節約することばかりに目を向けられています。確かにそれをやればそれだけの貯金はできるでしょうが、あまりに極端な節約生活を強いるものであり、現実的ではありません。

毎日、遊びに行かず、友達付き合いもほとんどせず、一円でも安いものをスーパーで探し歩くような生活をしていれば、そりゃ、蓄財はできるでしょう。

が、ほとんどの人は、そういう生活を続けていくのは無理です。

たまには遊びに行きたいし、友達との付き合いも大事にしたい、節約にもそれほど血眼になりたくはないはずです。そういう範囲での蓄財じゃないと、現実的に「持続可能」ではないはずです。

また、もしそういう禁欲的な生活を送ってお金を貯めたとしても、何のための貯蓄？　ということになるはずです。

お金というのは、快適に暮らすために貯めたり使ったりするものであり、快適に暮らすことを放棄してお金を貯めるというのは、本末転倒でもあります。

もちろん、貯金が趣味という人もいますし、どんなに苦しい生活をしていても、貯金ができていれば幸福という性質を持っている人もたまにはいます。幸福なら、それでもいいでしょう。が、そういう人は、この本を見るまでもなく貯蓄しているはずなので、この本では対象外といたします。

資産を現金だけで持つのは愚か者

蓄財というと、「預貯金を増やす」ということばかりに目がいきがちです。が、蓄財の方法というのは、預貯金ばかりではありません。財は、いろんな方法で蓄えることができるのです。

逆にいえば、預貯金だけの蓄財というのは、非常に不合理で危険なものでもあります。もちろん、お金は大事です。現金は、どんな支出にもすぐに対応できるものなので、これが多いに越したことはありません。

が、自分の資産を預貯金だけに集中するというのは、まったく効率的ではないということです。

まずリスクヘッジという点が挙げられます。

お金の価値というのは変動します。昨今の日本はまだデフレが続いていますので、お金の価値は上昇しています。が、インフレになれば、お金の価値は下がってしまいます。物価が上がれば、自分のお金で買える範囲が狭くなっていきますからね。

だから、自分の資産の一部をお金以外のもの、たとえば不動産などに分散しておいたほうが、何かと安全なのです。

そうすれば、デフレにもインフレにも対応できますからね。

それともう一つは、税金の問題があります。

詳しくは後ほど述べますが、現金や預貯金の資産は、相続税が発生したときにもっとも不利なのです。不動産などには相続税の割引制度がありますが、現金や預貯金には一切の割引はなく、額面通りの課税がされるのです。

だから、総合的に勘案して、資産を現金だけで持つというのは、賢い選択ではないのです。

老後の資金を「預貯金」で賄うのは難しい

老後の生活のために貯金しているという人は、けっこういると思われます。

が、老後の備えを預貯金だけで賄うのは、非常に難しいし、非効率です。

というのも、人は自分が何歳まで生きるかわかりません。

平均寿命になれば皆死ぬのなら、平均寿命までの生活費を用意していればいいでしょう。

しかし、そうではありませんよね？

あくまでも単純化した話ですが、平均寿命で死ぬ人を全体の半分とします。そうすると残りの半分の人は、平均寿命よりも長く生きるか早く死ぬ計算になります。つまり、残りの半分の人たちは、平均寿命よりも長く生きる可能性が50％もあるのです。

だから、老後の資金を貯金で賄おうと思えば、相当な年数分を用意しなければならないでしょう。100歳までの生活費を用意していても、もしかしたら足らないかもしれません。

では、どうすればいいか？

一つの方法としては、年金ですね。

年金は、何歳まで生きようと一定の額は必ずもらえます。だから、**年金で生活費を賄えるようにしておけば、何歳まで生きようと経済的な不安はない**わけです。

サラリーマンの場合、公的年金の掛け金を自分で増減するということはできないので、「年金額は増やせない」と思っているかもしれません。が、自分で年金の額を増やす方法もあります（詳しくは後述）。

しっかり年金を充実させておけば、老後の憂いは相当に減るはずです。これは、1億円の預貯金にも匹敵するといえるでしょう。

そしてもう一つは、家です。これも詳しくは後述しますが、持ち家があり、定年までにローンを払い終わっていれば、何歳まで生きようとわずかな住居費で済みます。**人の生活費の中で、もっとも大きいのは住居費ですので、持ち家があるのとないのとでは、老後の生活に大きく影響していきます。**

この二つの柱があれば、あとはそこそこ預貯金などがあるだけでやっていけるはずです。

自分で年金を増やす方法

老後の生活を設計する上で、もっとも頼りになるのは年金です。

財政赤字と少子高齢化の影響で、年金の額は今後減らされていく恐れはありますが、それでも一番あてになるのは年金だといえます。

なぜかというと、前述したように年金は死ぬまでもらえるからです。預貯金のように、使えば使うだけ減っていくものではありません。

さて、この年金を自分で増やす方法をここでご紹介したいと思います。

その方法は、簡単です。

民間の個人年金に入る、ということです。

実は年金には2種類あります。

公的年金と個人年金です。

普通は、年金というと公的年金を指します。国民年金や厚生年金などのことですね。サラリーマンの方は、ほとんどが厚生年金に加入されているはずです。

この公的年金の他に、民間の保険会社が売り出している個人的な「年金商品」があるのです。毎月、一定額を積み立てておけば、老人になったとき（60歳以上など保険によって支給年齢は違います）に一定額をもらえるというものです。「毎月いくらずつ、何年間もらえる」というような仕組みです。

また終身年金のタイプなどもあります。これは、死ぬまで一定の年金がもらえるという商品です。公的年金と仕組みは同じですね。これに入っておけば、一定年齢（65歳など）以降に年金としてお金がもらえるのです。

この終身タイプの年金は、平均寿命よりも少し長生きすれば、元は取れるような設定になっています。だから、長く生きれば生きるだけ得をするという商品です。また5年保証、10年保証などが付けられた商品もあり、この場合、早く死亡した場合でも、保証期間分の年金は遺族がもらえるという仕組みになっています。

なぜ税務署員は個人年金に加入しているのか?

税務署員も、公的年金の他、この個人年金に加入している人もけっこう多いです。

公務員は公的年金が比較的充実しているので、それだけでやっていけないことはないはずです。にもかかわらず、なぜ個人年金に加入しているのか?

もちろん、それは老後の生活を充実させるためというのが、まずあります。が、もう一つ大きな理由があります。そこに**税務署員特有の蓄財スキーム**があるのです。

個人年金は、金融商品としては貯蓄と似たようなものです。

毎月一定額の掛け金を払い、保険会社はそれに一定の利息をつけて積み立てます。そして設定した年齢になれば、その積立金を払い出してくれるということです。

個人年金の利率は、他の金融商品に比べて決していいとはいえません。銀行に預金したときと同じか、場合によっては悪いこともあります。だから、考えようによっては、定期預金や投資信託などをしたほうが有利だといえます。

なのに、**なぜ税署員は個人年金に加入しているかというと、「節税になるから」**です。

個人年金に加入することにより、所得控除を受けられるようになるからです。

個人年金保険の控除額の計算方法は、次のようになります。

年間8万円以上の保険料を払い込んでいれば、4万円の個人年金保険料控除が受けられます。これが最高額ですので、これ以上掛け金を増やしても控除額は増えません。

また住民税は、年間5万6001円以上の保険料の払い込みをしていれば、2万8000円の個人年金保険料控除を受けられます。住民税はこの金額が最高額で、これ以上掛け金を増やしても控除額は増えません。

つまり、所得税、住民税合わせて最高で6万8000円の所得控除を受けられるのです。

これは戻ってくる税額に換算すれば、平均的サラリーマンでだいたい1万円程度になります。

この節税分を含めれば、個人年金は他の金融商品よりもはるかに有利な金融商品となるのです。

個人年金の掛け金は、だいたい年1万〜2万円です（口数を増やすことは可能）。だから、年間の払込額は12万〜24万円ということになります。

所得税の個人年金控除の計算方法

年間の掛け金の合計	保険料控除額
～20,000円	支払金額全額
20,001円～40,000円	支払金額×1/2＋10,000円
40,001円～80,000円	支払金額×1/4＋20,000円
80,001円～	一律 40,000円

住民税の個人年金控除の計算方法

年間払込保険料	保険料控除額
～12,000円	支払保険料全額
12,001円～32,000円	支払保険料×1/2＋　6,000円
32,001円～56,000円	支払保険料×1/4＋14,000円
56,001円～	一律 28,000円

「個人年金保険料税制適格特約」の条件

1. 年金受取人が契約者またはその配偶者である。
2. 年金受取人が被保険者と同一人である。
3. 保険料の払込期間が10年以上である（一時払の契約には付加できない）。
4. 年金の種類が確定年金の場合、つぎのすべてに該当している。
    - 年金支払開始日における被保険者の年齢が60歳以上であること。
    - 年金保障期間が10年以上であること。

税金で約1万円が戻ってきますので、払込額のうちの1万円は税金で賄っているのと同じことになります。

払込額12万円のうちの1万円を税金で賄えるとすれば、相当なものではないでしょうか？税金で賄う分を利息だと考えれば、約8％です。8％の利息がつく金融商品など、なかなかないはずです（この場合、複利計算にはなりませんが）。

個人年金の所得控除を受けるには、個人年金に「個人年金保険料税制適格特約」を付加しなければなりません。

が、「個人年金保険料税制適格特約」は、そうややこしいものではなく、普通の個人年金であればクリアできるものです。が、念のため、加入するときには、「個人年金保険料税制適格特約」が付加されているかどうかを確認しましょう。

個人年金のメリット、デメリット

個人年金には、まだまだメリットがあります。

まずは、自然に貯蓄できるというメリットです。

後ほど財形貯蓄のところでもお話しますが、お金を貯めようと思ってもなかなか貯められるものではありません。だから老後の資金を貯めようと思っていても、なかなか貯められないのが現実です。

が、個人年金の場合、毎月口座から引き落とされるので、財形貯蓄と同じように、「自然に貯まっていく」のです。

そして個人年金には、公的年金にないメリットもあります。

個人年金は、個人と民間保険会社が契約した金融商品ですので、公的な部分はまったくありません。だから単純にいえば、払い込んだ分に利子がついて戻ってくるのです。公的年金の場合、世代や家族構成によっては、払い込んだ分よりも少ない金額しかもらえないということがあります。

でも個人年金の場合は、そういうことはあり得ないのです。

ただし、個人年金にもデメリットはあります。

それは、貯金のように自由に払い出しができない、ということです。これは当たり前といえば当たり前ですが、普通の貯金と同じように考えていてはならない、あくまで「年金」として考えなければならない、ということです。ただ、個人年金のデメリットはそのくらいしかありません。

また保険会社によっては、個人年金の貸付制度を設けているところもあります。これは、保険加入者が、解約返戻金の範囲でお金を借りられるというものです。つまり、ちょっとまとまったお金が必要というときには、一時的に借り出すこともできるのです。

楽に蓄財する方法

家を買うにも、結婚するにも、子供を育てるにも、金がかかります。

将来のこと、老後のことを考えると、貯金が多いに越したことはありません。物質的にも精神的にも豊かな生活を送っていく上で、貯金というのは欠かせないものです。

ほとんどの方が、今よりも多く貯金したいと思っているはずです。が、それがなかなかできないものです。

これまでの生活レベルを維持していると、どうしてもお金は貯まらない、かといって、生活レベルを落としてまで、貯金するほどの気力はない、という人が多いのではないでしょうか？

その点、税務署員は、非常に賢く貯蓄しています。

税務署員は、日々生活を切り詰めて貯蓄をしているわけではありません。

税務署員は「お金命」で、人付き合いもせずに貯金ばかりに走っているのか、というと決してそうではありません。

税務署員といっても、普通のサラリーマンです。息抜きもしますし、同僚との飲食の機会もあります。というより、税務署員は、普通のサラリーマンよりも酒を飲む機会が非常に多いのです。

税務署の仕事はストレスが溜まるものなので、税務署員は毎晩のように飲みに行きます。外で飲まずとも、家に帰って飲んでいます。おそらく、８割くらいの人が、毎日お酒を飲んでいるのではないでしょうか？

決して飲みも遊びもせずに、貯金に勤しんでいるわけではないのです。

だから普通のサラリーマンよりも、飲食費、交際費などはかかるといえます。

にもかかわらず、税務署員は普通のサラリーマンよりも貯蓄額が多いのです。

ということは、税務署員は非常に効率的に貯蓄をしているということなのです。

ここからは、その貯蓄方法をご紹介していきたいと思います。

給料からの天引きを利用して蓄財する

税金の世界では、サラリーマンが一番お人好しとされています。

サラリーマンは、増税されても、あまり文句をいわないからです。この20年間、サラリーマン向けの増税はけっこうありました。

「増税」と銘打ったものではなくても、配偶者控除を改変したり、住民税を改変するなどして、サラリーマンにとって実質的に増税になっていることがけっこうあるのです。配偶者控除の改変では、実質5万円くらいの増税になった人がたくさんいます。にもかかわらず、サラリーマン側からは、ほとんど文句が出ません。

また前にも述べたように、サラリーマンは、増税されずとも、たくさんの税金を払っています。しかもサラリーマンは皆、それを文句もいわずに黙って払っています。

税務署員から見れば、サラリーマンほどやりやすいお客はいません。自営業者などは、1円の税金を払うのでさえ相当にしぶります。たくさん稼いでいる人でも、税金をなかなか払ってくれようとはしません。隙があれば、税金をまけさせようなどと考えています。

それなのにサラリーマンは、なぜこれほど黙って税金を払ってくれるのでしょう？

まあ、要因はいろいろあると思いますが、最大のものは、「源泉徴収」という制度にあると思われます。

ご存知のように、サラリーマンの税金は、源泉徴収という形で給料から天引きされています。だから、文句をいうも何も、税金は自動的に払われているのです。

自営業者は違います。年間の所得を計算して申告し、自分の手持ちのお金から税金を払わなければなりません。

この違いは大きいものです。

サラリーマンの場合は、税金は給料から天引きされていますので、税金を払ったという感覚があまりありません。だから、抵抗なく税金を払うことができるのです。

一方、自営業者の場合は、一旦自分のものになったお金を、税金のために差し出さなければならないのです。自営業者のほうが、税金に対する負担感や抵抗感は、必然的に大きくなるのです。

しかし**サラリーマンは、心理的なトリックに引っ掛かっているだけであって、実際の税負担はサラリーマンも、自営業者も同様なわけです**。最初からないものと思えるので、サラリーマンは税負担をそれほど感じないのです（自営業者ほどは）。

この源泉徴収という制度は、サラリーマンだけが損をしているものであり、税哲学的には是非が論じられるべきところではあります。

が、サラリーマンからスムーズに税を徴収しているという点においては、非常に優れた徴収システムなわけです。

そして、**このスムーズな徴税システムは、実はサラリーマン自身の蓄財スキームとしても使える**のです。

どういうことかというと、**給料から天引きすれば、あまり負担感なく蓄財できる**ということです。

世間には同じ給料をもらっていても、貯金できる人とできない人がいますよね？

そして、貯金できない人がめちゃくちゃに散財しているかといえば、決してそうではないものです。貯金している人も貯金していない人も、同じような生活をしているのに、なぜか貯金できる人とできない人が生じてしまいます。

その差は何だと思われますか？

貯金できる人というのは、最初から貯金する額を決めている、ということです。

そして、収入を得たときには、まず貯金分を差し引いていることが多いのです。

たとえば、税務署員の多くは財形貯蓄を行い、給料から天引きで貯金をしているのです。

一方、貯金ができない人は、「収入のうち残った分を貯金しよう」と思っていることが多いのです。つまり、余裕ができたら貯金しようということです。

でも人というのは、収入があればそれに合わせて消費してしまうものです。

だから、お金が余ったら貯金しようと思っても、なかなかできないものです。

たとえば、タバコをやめた人がこういうことをいうのを聞いたことがありませんか？

「毎月タバコで1万円以上使っていたから、その分を貯金しようと思っていたけれど、全然できない」

なぜ浮いたタバコ代が余らないかというと、知らない間に使ってしまうからです。

普通に社会人として生活していれば、1万円くらいのお金は、漠然と持っていると何となく使ってしまうものです。いつもよりも1万円分くらい余裕があるはずだから、月末には1万円余っていてもよさそうなものですが、でも、大概の場合、そのお金はどこかしらに消えてしまうのです。

だから、もしタバコをやめてその分を貯金しようと思ったならば、収入を得たときに（給料をもらったときに)、タバコ代の分のお金を確保し、貯金しなければ、できないものなのです。

財形貯蓄を使いこなせ

前項では、お金を貯められる人は、収入からあらかじめ貯蓄分を確保している、ということを述べました。

具体的な方法として、財形貯蓄というものがあります。

財形貯蓄というのは、給与からの天引きで行う貯蓄制度です。給料から毎月、財形貯蓄の額が天引きされるので、自動的に貯蓄できるというわけです。

税務署員の多くは、この財形貯蓄を行っています。

そして、財形貯蓄には、「自動的に貯蓄できる」というだけではなく、他にもさまざまな恩恵があります。

まずは、一定の条件をクリアしていれば、利子に税金がかからないということです。

ここが普通の預貯金と大きく違うところです。

普通の預貯金には、利子に約20％の税金がかけられています。昨今の低金利時代で、ただでさえ少ない利子に、20％もの税金がかかるのです。預貯金などをしても、お金はほとんど増えないのです。

が、「財形貯蓄」には、利子に税金がかからないものがあるので、その分、お金が貯まるのです。

財形貯蓄には「一般財形貯蓄」「財形住宅貯蓄」「財形年金貯蓄」の三つがあります。このうち「財形住宅貯蓄」「財形年金貯蓄」には、利子に税金がかからないのです。

ちなみに、この三つの財形貯蓄を簡単に説明しますと……。

「一般財形貯蓄」とは使用目的を限定せず、自由に使える貯蓄です。貯蓄開始から1年経てば、いつでも自由に払い出しできます。

「財形住宅貯蓄」とは、マイホームの建設・購入・リフォームなどの資金のために貯蓄する制度です。「財形年金貯蓄」と合わせて貯蓄残高550万円までは、利子が非課税となる恩恵があります。

ただし、払い出しは、住宅の建設・購入・リフォームのときだけになります。それ以外の目的で払い出した場合は、利子に課税されます。

財形貯蓄の概要

「一般財形貯蓄」
・給与から一定額を天引きして行う積立貯蓄で、一定の利子がつく ・利用できる人はサラリーマン全般 ・使い道は自由で、貯蓄開始１年後から払い出し可能 ・積立期間は原則３年以上 ・利子の非課税措置はなく、利子に対し約20％が課税される ・積立限度額はなし ・「財形持家融資」の利用が可能
「財形住宅貯蓄」
・給与から一定額を天引きして行う住宅資金のための積立貯蓄 ・利用できる人は、満55歳未満のサラリーマンで、他に住宅財形契約をしていない人 ・「財形年金貯蓄」と合わせて貯蓄額550万円まで利子等に税金がかからない ・資金の使いみちは、住宅の建設、購入、リフォームに限られ、それ以外の目的で払い出した場合は、利子に課税される ・積立期間は５年以上 ・「財形持家融資」の利用が可能
「財形年金貯蓄」
・給与から一定額を天引きして老後の資金のための貯蓄をする制度 ・利用できるのは満55歳未満のサラリーマンで他に財形年金契約をしていない人 ・「財形住宅貯蓄」と合わせて貯蓄額550万円まで利子等に税金がかからない ・積立期間は５年以上 ・「財形持家融資」の利用が可能 ・受取期間は、満60歳以降に５年以上20年以内（保険商品の場合、終身受け取りもできる） ・積み立て終了から年金受け取り開始まで、５年以内の据え置き期間を設定することもできる

「財形年金貯蓄」とは、60歳以降に年金として受け取るための貯蓄です。「財形住宅貯蓄」と合わせて、貯蓄残高550万円まで利子に税金がかかりません。ただし払い出しは年金に限られます。年金以外での払い出しもできますが、その場合は利子に課税されます。

この財形制度の最大の問題点は、会社が加入していなければ利用することができない、ということです。財形制度は、会社が導入していないと、社員はそれを使うことができません。個人加入はできないのです。

会社が加入しているかどうか、問い合わせてみてください。一定規模以上の企業ならば、だいたい加入しているはずですが。

財形貯蓄を行っていれば住宅資金を低利で借りられる

財形貯蓄には、さらに大きな恩恵があります。

それは、**財形貯蓄を行っていれば、住宅購入などの際に、財形貯蓄している額の10倍までの融資が受けられる**のです。

たとえば、200万円の財形貯蓄をしていた場合は、2000万円までの住宅融資が受け

財形住宅融資制度の融資条件

・財形貯蓄を１年以上継続している
・申し込み日前２年以内に財形貯蓄の預け入れを行っている
・貯蓄残高が50万円以上ある
・勤務先から住宅手当・利子補給・社内融資などの負担軽減措置が受けられる
・申込日現在70歳未満（リフォーム融資は79歳未満）
・完済時年齢が80歳まで
・ローン返済額の条件
　年収400万円未満
　　⇨他の返済も合わせ毎年の返済額が年収の30%以下
　年収400万円以上
　　⇨他の返済も合わせ毎年の返済額が35%以下

●融資額
「財形貯蓄残高 × 10倍」と4000万円のいずれか少ない金額で必要額の90%まで
　金　　利　　５年固定金利
　適用金利　　0.93%（平成27年10月現在）
　償還期間　　最長35年間

られるのです。しかも、利率は固定で銀行などよりかなり低く設定されています。

そして、この**財形住宅融資制度は三つの財形貯蓄すべてに適用されます。**

だから、家を買おうと思っている人にとって、財形貯蓄はまたとない制度なのです。

常用労働者３００人以下の中小企業に勤めている人は、当初５年間、金利をさらに０・２%引き下げるという特別措置があります。これは平成30年３月31日までの新規受け付け分に適用されます。

また18歳以下の子供を扶養している勤労者に対し、当初５年間金利をさらに０・２％引き下げるという措置もあります。これは平成28年３月までの新規受け付け分に適用されることになっていますので、該当する方は急いだほうがいいでしょう。

この財形住宅融資制度の良い点は、住宅に対して細かい条件が付けられていないことです。銀行から借りたりする場合には、買う物件によってはなかなか融資が下りなかったり、融資限度額が引き下げられたりするものです。古い物件だったり、訳ありの物件だったりすれば、担保価値が低いとみなされて、あまり融資してくれないのです。そういう物件は価格的には手頃なのに、融資が受けられないので手を出せないということも多いのです。

でも、財形住宅融資制度は、物件の担保価値はほとんど問われないので、担保価値などを心配せずに自分の条件に合った物件を選ぶことができるのです。

定期積立預金は使える！

前項まで、財形貯蓄について紹介しましたが、会社が財形に加入していなくて、財形貯蓄に入れない、という人もいるでしょう。

そういう方には、「**定期積立預金**」をお勧めします。

定期積立預金というのは、毎月、自分の口座から自動的にお金が引き出され、預金として積み立てられる、というものです。

まあ、財形貯蓄と基本的には変わりませんが、違いは財形貯蓄のような税制上の優遇がないということです。

ただ、税制上の優遇がなくても、定期積立には大きなメリットがあります。

それは、知らず知らずのうちに預金できる、ということです。

前にも触れましたが、**貯金できる人とできない人の違いは、収入から貯金に回す分を、あらかじめ分離確保しているかしていないかの違い**なのです。

定期積立預金の場合は、財形貯蓄と同様に口座から勝手に引き落とされるので、預金分は自然に確保されるのです。

また定期預金と違って、定期積立預金は途中でお金を引き出すこともできます。

学資保険も使える!

子育て中の人は、定期積立預金よりもさらにお得な学資保険というものがあります。もちろん、ご存知の方も多いはずです。

この学資保険に、躊躇している親御さんも多いのではないでしょうか?

「節約指南本」などでは、よく「学資保険は無駄だから入らないほうがいい」というような記載があります。が、子育て中の人にとって、学資保険はまたとない効果的な金融商品なのです。

学資保険とは何かというと、積立預金と保険が合体したような金融商品です。生命保険と似たようなものですが、生命保険よりも「積立預金」の性質が濃くなっています。掛け金のほとんどが、満期返戻金として戻ってくるのです。

学資保険は親に何かがあれば(高度障害、死亡など)、その後の保険料が免除になり、また子供の病気や怪我などでも、保険料が下ります。

学資保険のデメリットは、満期になっても、掛け金よりも若干少ない金額しか戻ってこないということです。まあ、学資保険には、医療保険、生命保険が含まれていますので、それは仕方がないことです。が、死亡保険金を低く抑えることで、掛け金と同額の返戻金が受け取れる商品もあります。

「節約指南本」が学資保険を目の敵にしているのも、掛け金よりも満期返戻金が少ないからです。

「学資保険に入るくらいだったら貯金をしたほうがいい」

「医療保険が必要なら、別に医療保険に入ったほうが安くつく」

ということです。

確かに金額面だけを見れば、そういう点はあります。

が、学資保険のメリットはそういうところではないのです。

まず**学資保険ほど、子供の医療、親の収入保障などを網羅的にカバーしている保険はありません**。もし、これらの保険に全部加入しようと思えば、かなりの数の保険に入らなければなりませんし、費用も相当かかるはずです。だから、子供の医療保険にだけ入っても、完全な代替策とはならないのです。

それと何度もいいますように、学資保険にも、「自動的に貯蓄してくれる」というメリットがあります。子育て中の世帯などは、どうしてもお金を使ってしまいがちであり、お金が余ったら貯金しようと思っていても、なかなかできるものではありません。学資保険として、自動的に貯金分を収入から除いておけば、嫌でも貯金しなければならないようになります。

そういう心理面も含めたところの費用対効果を考えれば、学資保険は非常に有効な金融商品だといえるのです。

「保険料を減らせば貯金ができる」という大間違い

多くのサラリーマンの生活費の中で、生命保険は大きな比重を占めています。

だから生活費を見直すときに、生命保険がやり玉に挙げられることが多いのです。節約指南本などでも、必ずといっていいほど保険料がやり玉に挙げられます。

これまで保険についてあまり考えず、保険の外交員のいいなりになって保険に加入していた人って、けっこういるでしょう。そういう人が、自分の加入している保険の内容を見直し、本当に必要なものかどうかを検討する、というのは、いいことだと思います。

が、かといって、**保険を削るだけ削ろうという風潮は、馬鹿げていると思います。という**

のも、保険商品というのは、上手に蓄財する上で、欠かせないスキームだからです。

生命保険には、保険部分と貯蓄部分があります。

月1万円以上の生命保険は、だいたい保険部分と貯蓄部分の両方を持っています。つまり、死亡やけが、病気などのときに保険金が支払われる「保険部分」と、掛け金の一部が積み立てられ、満期になったり解約したときにもらえる「貯蓄部分」を兼ね備えているということです。

「掛け捨て」といわれる生命保険は、貯蓄部分がなく、保険部分だけで構成されているものです。返戻金がなく掛けたお金はまったく返ってこないので、「掛け捨て」といわれているのです。もちろん、掛け捨てなので、保険料は安くなっています。

最近では、「保険で貯蓄するのはバカバカしい」と主張する人もけっこういます。だから「生命保険は掛け捨てにしなさい」というのです。

経営コンサルタントなどが、ネットや雑誌などでよくそういうことをいっていますので、耳にしたことがある人も多いのではないでしょうか?

なぜ掛け捨て保険が、経営コンサルタントなどに奨励されているのか、というと、「生命保険の貯蓄部分は、利率が非常に低いので、まったく意味をなさない、それよりは、掛け捨ての生命保険に入って、保険料を安く抑えるほうがいい」

ということが主な理由です。

が、この発想は、生命保険料を断片的にしか見ていないものです。

保険料だけを見れば、確かに掛け捨てにすれば、かなり割安になります。生命保険の貯蓄部分は利率がそれほど高くないし、預貯金のように自由に引き出せるわけではないので、貯蓄部分をはずして普通に預貯金していたほうが便利なようにも見えます。

しかし、この考え方には大きな要素が欠落しているのです。

貯蓄型生命保険には三つの効用がある

貯蓄型生命保険には、三つの効用があります。

一つは**保険としての効用**です。

もう一つは、**自動的に貯蓄してくれるという効用**です。

貯蓄型生命保険は、口座から自動引き落としされるので知らないうちに蓄財されていきます。つまり財形貯蓄と同じような効用があるのです。前にもいいましたが、人はお金が余ったら貯金しようと思ってもなかなか貯金できるものではありません。生命保険を掛け捨てにして、余った分を貯金しようと思っても、1万〜2万円なんて、知らず知らずのうちに使ってしまうものです。結局、貯金はできずに、保険料を掛け捨てにしただけで終わってしまう、という人が多いのではないでしょうか。

そして、さらにもう一つ、貯蓄型生命保険には大きな効用があります。

それは**「節税」という効用**です。

「生命保険は掛け捨てにしなさい」論は税金をまったく考慮していない

生命保険に入っている人は、生命保険料控除という税金の割引制度を受けることができます。この生命保険料控除は、概算で支払った保険料の5〜10％程度の額の税金還付が受けられます。この税金還付を含めて考えれば、生命保険の貯蓄部分は決して不利だとはいえないのです。今どき5〜10％もの利子がつく預貯金なんてありませんから、金融商品としても最高レベルのコストパフォーマンスがあるといえるのです。

節約指南者たちの「保険は掛け捨てにすべき」という主張には、この税金面の考慮がまったくなされていないのです。

ただし、生命保険料の5～10%が、無条件で必ず税金還付になるわけではありません。生命保険料控除には上限が設けられていますので、金額をうまく調整しなければ、5～10%の還付とはなりません。

生命保険料控除の計算方法は、個人年金の計算と同じで別掲の表のようになります。控除の最高額は、8万円超の生命保険料のときの4万円です。

つまり年間8万円以上の生命保険に加入していれば、所得税の場合は、4万円の所得控除が受けられるのです。これに加え、住民税にも控除制度があります。住民税の場合は、5万6000円以上の保険料で、最高額の2万8000円の所得控除が受けられます。

この生命保険料控除の上限額で、実際どのくらい税金が安くなるか（還付されるか）というと、所得税の税率が10%の人の場合は、所得税、住民税合わせて、6800円の節税（還付）になるのです。所得税率20%の人は、1万800円の節税（還付）になります。

サラリーマンの平均年収の人の所得税率が、だいたい20%です。だから、平均年収の人で、生命保険料控除による還付は1万800円程度になるのです。

年間8万円の保険に入って1万800円の節税になるなら、けっこう大きいはずです。

所得税の生命保険料控除の計算方法

年間の掛け金の合計	保険料控除額
～20,000円	支払金額全額
20,001円～40,000円	支払金額×1/2＋10,000円
40,001円～80,000円	支払金額×1/4＋20,000円
80,001円～	一律 40,000円

住民税の生命保険料控除の計算方法

年間払込保険料	保険料控除額
～12,000円	支払保険料全額
12,001円～32,000円	支払保険料×1/2＋ 6,000円
32,001円～56,000円	支払保険料×1/4＋14,000円
56,001円～	一律 28,000円

貯蓄部分のある生命保険に加入して、この1万8００円を利息と考えれば、金融商品としてかなりいいものといえます。8万円支払って1万8００円の利息がつくのと同じですからね。なんと8％以上の利率になるのです。

生命保険料控除は、掛け金が年間8万円のときに、控除額は上限の4万円となります。掛け金をそれ以上増やしても、控除額は増えません。

なので、生命保険の掛け金は年間8万円にするのが、もっとも節税効率が高いといえます。

しかし、年間8万円ぴったりの生命保険などはありません。貯蓄性のある生命保険は、だいたい月1万円以上かかります。

月1万数千円の生命保険に入ったとすると、支払い額は年間で20万円程度です。20万円程度かかるとしても、1万800円の利子がつくと考えれば、かなり有利な金融商品のはずです。

掛け捨ての生命保険ならば、年間8万円にはなりませんので、この恩恵は少なくなります。

生命保険に加入する場合は、生命保険そのものの有利不利だけではなく、節税額も含めたところで選ばなくてはならない、ということなのです。

個人介護保険を使って蓄財する

生命保険、個人年金と同じような方法で、「個人介護保険を使って蓄財する」という方法もあります。

個人介護保険というのは、公的な介護保険とは別に、民間の保険会社が発売している保険商品のことです。これに加入していれば、介護が必要になったときに、一定のお金を受け取れるというものです。

この**個人介護保険も、掛け捨てだけではなく、貯蓄性のあるものもあります。**

掛け捨ての場合は月数千円ですが、貯蓄性のあるものは月1万円以上となります。この貯蓄性のある個人介護保険に加入すれば、生命保険などと同様に、自然に蓄財ができるということです。

しかも、**個人介護保険も、税金の優遇措置があります。**

これは、生命保険、個人年金とまったく同じ仕組みです。

介護保険の所得税所得控除の上限額は、掛け金8万円以上のときに4万円です。

住民税の所得控除の上限額は、5万6000円以上のときに2万8000円です（ただし住民税は、生命保険料控除、個人年金保険料控除、個人介護保険料控除の合計限度額は7万円まで）。

だから、年間8万円の個人介護保険に加入していたら、所得税、住民税合わせて6万8000円の所得控除を受けられることになるのです。

これも平均的サラリーマンで、先ほど同様だいたい1万円の節税になります。

自然に月２万円貯蓄する

つまりは、**生命保険、個人年金、介護保険と三つの保険商品に加入していれば、所得税では合計12万円の控除が受けられる**ということです。

住民税は三つ合わせて７万円までは控除が受けられますので、合計で19万円の所得控除が受けられるのです。

これだけ所得控除が受けられれば、平均的サラリーマンで４万～５万円の税金が戻ってきます。毎月１万円ずつ、この三種類の保険商品に加入していたとして、年間36万円です。この保険料のうち貯蓄に回る部分は20数万円くらいです。

税金が４万～５万円戻ってきますので、実質的に30万円程度の負担で、20万円の貯金ができて、しかも三つの保険が受けられるということです。

税務署員の場合、この三つの保険商品すべてに加入している人がけっこういます。節税分も含めて考慮すれば、非常に効率のいい蓄財になるからです。

第3章

税務署員は持ち家率が90％以上

「家は借りるより買ったほうが絶対に安い」という法則

何度か触れましたように、税務署員はだいたい30代（遅くとも40代後半）で家を持ち、おそらく定年までには9割以上の人が家を持っているはずです。

そして税務署員は、駅近に持ち家を持っていることが多いものです。地方の税務署員だけではなく、都心の税務署員も、それなりの立地に家やマンションを持っているものです。

なぜ駅近に持ち家があるのか。税務署員がそれだけの資力を持っているということがまず挙げられます。それについては、第1章で詳しく述べました。

それともう一つ大きな理由があります。

それは、資産形成として、家を持つことが非常に有利だということを、税務署員は知っているからなのです。

家は買ったほうがいいか、借りたほうがいいか、という論争がたびたび起きます。いわゆる「持ち家論争」というやつです。

昨今でもよく週刊誌などで特集が組まれたりしますが、実は戦前の週刊誌でもこのテーマを扱ったものはあるのです。

「持ち家論争」は、生活関連の永遠のテーマ的な存在にもなっているのです。

でも、これは本来、論争するまでもないことなのです。

「大方の場合、家を買ったほうが得」

なのです。

「持ち家と借家では、トータルの住居費はほとんど変わらない」

というような主張がなされることもあります。しかも持ち家だと、簡単に動けないなどさまざまな面倒が生じるので、結果的に借家のほうがいい、というのです。いわゆる「借家優位論」です。

しかし、この「借家優位論」には大きな誤りがあります。

それは、「借家優位論」を主張する人は、厳密にまったく「同じ場所」「同じ建物」「同じ設備」での比較はしていないからです。「４人家族で４ＬＤＫに住んだ場合」などという、非常に大雑把な条件での比較をしているからなのです。

まったく「同じ場所」「同じ建物」「同じ設備」の住居で比較した場合、持ち家と借家では、絶対に持ち家のほうが安くなるのです。

普通に考えてください。

借家の家賃というのは、次の数式で算出されます。

家の購入費 ＋ 諸経費 ＋ 大家の利益 ＝ 家 賃

一方、家を買った場合、必要とされるお金は次の通りです。

家の購入費 ＋ 諸経費 ＝ 購入費

つまり、大家の利益のない分だけ、家を買ったほうが得なのです。借家というのは、大家の利益が必ず加算されています。損をするのに部屋を貸しているというような大家は普通いません。損をするくらいなら、貸さないで売っているはずだからです。

また借家優位論では、「持ち家の場合は、購入費自体は家賃より安いけれど、固定資産税やメンテナンス費用を入れれば、そう変わらない額になる」というような主張がされることがあります。

しかし、この論にも大きな欠陥があります。

確かに、家を買えば、固定資産税やメンテナンス費用が必要となります。

が、それは借家でも同じことなのです。

借家にも、固定資産税やメンテナンス費用はかかります。借家の固定資産税やメンテナンス費用は大家が払っていますが、しかし、それは家賃に上乗せされるので、結局払っているのは借主なのです。

つまり、家賃というのは、固定資産税やメンテナンス費用も含まれているのです。

また借家と持ち家では、同じような間取りでも、「家賃」と「家の購入費」がそれほど変わらない、というような計算結果が出たりすることもあります。

しかし、これにもカラクリがあります。

同じような間取りであっても、借家と分譲住宅では、家の設備等が全然違うのです。賃貸アパート、賃貸マンションなどの場合、分譲住宅よりもかなり格安な施工になっています。

つまりは、ボロいということなのです。

賃貸住宅の家賃は、購入費よりも安い（もしくは同じくらいの）ように見えますが、実は、賃貸住宅のほうがボロいだけなのです。

これほど明確に、簡単に、「持ち家のほうが安い」という結論が出るのに、なぜ「持ち家と借家では住居費はほとんど変わらない論」が出るのでしょうか？

「借家優位論」の落とし穴

税務署員は、世の中のあらゆる商売の内容を調査しています。当然、不動産業のことも調べています。なので、不動産の商売の実態を知っています。

不動産賃貸がこれだけ世の中にあふれているということは、不動産業が儲かるということなのです。つまりは、土地、建物などを貸すことは儲かるのです。

日本にこれだけ賃貸住宅があるということは、大家というのは、それだけ旨みがあるということなのです。そして、その旨みを提供しているのは、賃貸住宅に住んでいる人たちなのです。

ところで金持ちというのは、損得に非常に敏感で、お金の支払いは非常に渋いものです。低所得者よりもよほどお金に詳しいし、研究しています。

そして、お金持ちのほとんどは、借家に住んではいません。

お金持ちは、まとまったお金が貯まるとまず最初に家を買います。

もし、借家のほうが得をするのであれば、お金持ちはみんな借家に住んでいるはずです。借家に住んでいる金持ちがほとんどいないということは、つまり、借家は損をするということなのです。

借家はコストパフォーマンスが悪い、ということを金持ちは知っているからなのです。にもかかわらず、なぜ借家優位論などが幅を利かせるのでしょうか？

それは、目先のデータに誤魔化されているからなのです。大雑把な住居費の比較だけを見て、借家が優位だと信じ込んでしまっているのです。先にも述べたように、まったく同じ条件ならば、絶対に持ち家のほうが安くつくはずなのに、です。

また家というのは、実際にかかる住居費だけでは、その価値は測れません。

利便性、資産面、相続税対策など、さまざまな角度から検討しなくてはなりません。多角的な検討をした場合、持ち家のほうが圧倒的に有利なのです。

税務署員は、その職業柄、物事を多角的に分析する癖がついています。納税者が、きちんと納税しているかどうかをチェックするとき、表面的な数字だけを追っても真実は見えてきませんから。その納税者の置かれた環境、商売の状況、生活具合など、多角的に分析しないと、きちんと税金が申告されているかどうかはわかりません。

その**税務署員の分析癖で、「持ち家論争」を検討した場合、論争をするまでもなく、持ち家が有利**なのです。だから、税務署員の多くは持ち家を持っているのです。

老後の資金計画で「持ち家」は有利になる

持ち家の最大のメリットは、購入費の支払い後は一生、家賃を払わなくていいことです。分譲マンションなどの場合、管理費や修繕費などを払わなければなりませんが、それも家賃に比べればはるかに安いものです。

この「一生、家賃を払わなくていい」というのは、実は老後の資金計画で、非常に有利な条件となります。

人というのは、いくつまで生きるかわかりません。だから、老後はずっと借家で過ごそうと思っても、「死ぬまでに家賃がいくらかかるのか?」ということは読めません。

80歳まで生きるのと、100歳まで生きるのとでは、トータルの家賃はまったく違ってきます。平均寿命というのは、老後計画には何の意味も持ちません。もし平均寿命を基に資金計画をしておけば、平均寿命以上に生きた場合、たちまち資金が涸渇してしまうからです。

だから、借家の場合は老後の資金がいくら必要か、というのが読めないのです。

100歳まで生きるような経済的な準備をしておかないと、安心して生きることはできないでしょう。

しかし、持ち家の場合は、そうではありません。何歳まで生きようと、住居費の負担はあまり変わりません。だから、老後の資金計画において、住居費は除いて考えることができるのです。

これは、精神的な安定の上で、非常に大きいはずです。

わかりやすい例で比較しましょう。

Aさん50歳は、現在、同い年の妻と二人で家賃8万円のマンションに住んでいます。60歳で定年の予定で、退職金は2000万円くらいが見込まれています。

だいたい1500万円あれば、今のマンションと同じような部屋を購入することができます。

現在、Aさんは、マンションを購入するかどうかで悩んでいます。

このAさんが、マンションを購入した場合と、しない場合のことを、簡単にシミュレーションしてみましょう。

マンションを購入しなかった場合、今の部屋に住み続けようと思えば、毎月8万円、年間96万円をずっと払い続けなくてはなりません。もし二人とも平均寿命まで生きたとすると、妻が死亡するのは、あと30年後です（平均寿命でいえば、Aさんは少し先に死亡します）。妻が死亡するまで、今のマンションを借り続けていれば、トータルで約3000万円の家賃を払わなければならないのです。

もし、夫か妻のどちらかが平均寿命よりも10年長く生きれば、4000万円くらいの家賃を払わなければならなくなります。

が、マンションを購入した場合は、どうでしょう。

購入費1500万円で、毎年の管理費や税金等は30万円くらいとします。だから、夫婦があと30年生きたとして、3000万円弱くらいです。この時点での住居費トータルは、借家とあまり変わりません。

が、もし夫婦のどちらかが平均寿命より10年余計に生きたとしても、3300万円くらいで済むのです。この時点で、借家の場合とは700万円もの差がつくのです。そして、長生きすればするほど、この差は広がっていきます。

というより、持ち家の場合は、購入費の支払いさえ終えていれば、「何歳まで生きようと、ほとんど住居費を気にしないで生きていく」ことができるのです。

一生、住居費を気に掛けなくてはならない借家とは、ここが大きく違うのです。

持ち家の最大のメリットは、資産形成

また持ち家には、さらに有利な面があります。

それは、「資産形成」です。

借家は払ったお金はすべて出ていくのに対し、持ち家の場合は、払った家の購入費（ローンなど）は、すべて「家」という資産を形成していくことになります。借家は、何年払っても払いっぱなしですが、家のローンは全部払えば家が自分のものになるのです。

「借家優位論」には、この部分がすっぽり抜け落ちているのです。

家が自分の所有物であるということは、いざというときに非常に有利になります。

家が自分の所有だった場合、もし、不意に多額のお金が必要になった場合、持ち家を持っている人は、それを担保にしてお金を借りることもできるし、いざとなれば売り払ってお金

をつくることもできます。

しかし、借家ではそんなことは一切できません。

つまり、**借家の場合の住居費は、払いっぱなしで終わりですが、持ち家の場合の住居費は資産として蓄積されていく**わけです。

これは老後の資金計画などの面でも、かなり有利に働きます。

先ほどのAさんを例にとってみましょう。

Aさん夫妻は、今から30年後、身体が不自由になり施設に入ることを検討したとします。

この30年間の住居費は、マンションを購入していようと、していまいと、トータルで約3000万円でほぼ同じです。

が、もしマンションを購入していた場合は、マンションを売ることで施設の入居費をつくることができます。そのときのマンションの相場や場所にもよりますが、家はどれだけ劣化しようと土地代分の価値はありますから、標準的にいって1000万円くらいのお金はつくれるはずです。

しかし、借家だった場合は、その1000万円のお金はないのです。つまり、それ以外の蓄えから施設の入居費を捻出しなければならないのです。

つまり、**持ち家は借家に比べて長く生きれば生きるだけ有利になり、いざというときのセーフティーネットになる**、ということなのです。

持ち家は最強の「生命保険」

持ち家のメリットは、他にもあります。

それは、**持ち家は最強の「生命保険」でもある**ということです。

生命保険というのは、一家の主などが急に死んだ場合、残された家族の生活を保障するためにあるものですよね？

それを考えると、持ち家があるというのは、非常に大きな生命保険をもらったのと同じくらいの価値があるといえます。住居費を払わずに住みつづけることができるのですから。

もし、持ち家がなかったら、家族は大変なことになります。仮に一家の主人が亡くなり、生命保険で２０００万〜３０００万円もらったとしても、その額では遺族が母と子供一人だったとしても、10年ももたないはずです。

そして、毎月の生活費のもっとも大きな支出は、住居費になるでしょう。収入の柱を失って住居費を払い続けるのは大変です。住居費を払えなくなったら、たちまち路頭に迷うことになります。それを考えれば、残された家族にとって、家があるのとないのとではまったく違ってくるはずです。

またローンを組んで家を買った人は、持ち家はさらにわかりやすい「生命保険」となります。ローンを組んでいる人は、ローンを組むときにほとんどの場合、生命保険に加入することになるので、支払期間の途中で死んだ場合は、ローン残額は全額生命保険で支払われます。だから、ローンで家を買っている人は、ローンが残っていても「死ねば家族に家が残される」ということなのです。

地価に強い税務署員

税務署員は、これは人にもよりますが、駅近に家を持つことが多いです。

税務署員がなぜ駅近に持ち家があるのかというと、まず一つの理由は、税務署員は不動産価値の下がりにくい場所を知っているというのが挙げられます。

毎年、全国の路線価というものが発表されます。

路線価というのは、各都市の路線に沿った土地の地価を算出したもので、固定資産税などの基礎になります。

この路線価というものは、税務署員が調査して決めるものです。

もちろん、路線価を決めるためには、その年に行われた土地取引のデータなどを収集し、多角的に分析します。

この路線価を調べる仕事は、資産課税の職員が専任します。他の税務署員はこの仕事にかかわりませんが、それでも路線価についての一定の知識と関心を持つようになります。

つまり、税務署員は嫌でもある程度は地価に詳しくなるのです。

だから、**税務署員は、地価の下がりにくい駅近に持ち家を購入する**のです。

家を買う場合、最大のデメリットというのは、価値が下がる危険がある、ということです。高いお金を出して家を買っても、急にその価値が下がってしまうこともあります。バブル崩壊のときなど、です。

バブル崩壊のような事態は、非常に稀なことなので、めったに経験するものではありませんが、ないことはないのです。

そのリスクを少しでも下げるためには、地価の下がりにくい場所を選ぶというのが、賢明な方法だといえます。

地価の下がりにくい場所を見つけるというのは、税務署員でなくても可能です。地価の動向というのは、誰でも調べればすぐにわかります。路線価は、インターネットなどで誰でも見ることができるからです。

参考までに、「全国地価マップ」というサイトのアドレスを載せておきますね。

http://www.chikamap.jp/

持ち家は税金対策にもなる

また税務署員が家を買う理由には、「税金対策」もあります。

というのも、家を買うことは、さまざまな面で税金対策になるからなのです。

住宅ローン控除というものは、よく知られています。

ローンを組んで家を購入した場合は、税金が非常に安くなる、という制度です。この住宅ローン控除には、さまざまなバリエーションがあり、うまく利用すれば10年近く、所得税、住民税をほとんど払わなくて済むことになります。

ほとんど節税の余地がないサラリーマンにとっては、非常に効果的な節税策だといえます。

が、持ち家を買うことによる「税金対策」はそれだけではありません。

「相続税対策」にもなるのです。

相続財産というのは、預金・金融商品で残すのが、一番不利なのです。

預金、金融商品の場合は、実額がそのまま相続財産に換算されるからです。が、不動産の場合はそうではありません。実額よりもかなり低い金額にしか換算されません。

その不動産が「自宅」となると、なおさら換算価値は低くなります。しかも駅近に家を持つと、相続税が格段に安くなるのです。

簡単にいえば、相続資産を預金・金融商品で残すのと、持ち家で残すのとを比べれば、相続税に格段の差が出てくるということです。

「持ち家論争」では、この税金対策の部分がすっぽり抜け落ちているといえます。

税金を含めて考えれば、圧倒的に持ち家のほうが優位になるのですから。

では家を買うことによって、どういう形でどのくらい節税になるのか、これから詳しく説明していきます。

住宅ローン控除とは？

ご存知の方も多いかもしれませんが、まずは住宅ローン控除について説明します。

住宅ローン控除というのは、簡単にいえば、住宅ローン残高の１％分の税金が安くなるという制度です。

サラリーマンでいえば、住宅ローン残高の１％が、年末調整で還ってくる形になります。

たとえば２０００万円の住宅ローン残高がある人ならば、所得税が20万円安くなるのです。

平均年収程度のサラリーマンならば、所得税がゼロになってしまうことも多いのです。

この住宅ローン控除の上限は、平成26年４月以降に居住の場合は、年間40万円です。つまり、ローン残高４０００万円までは１％の住宅ローン控除が受けられるということです。ただしローン残高がそれ以上ある人も、40万円までの控除しか受けられません。

住宅ローン控除は10年間受けられますので、平成26年４月以降に居住の場合は、最大で４００万円になります。

この住宅ローン控除、実は、非常に節税効果が高いものです。私は、**所得税の控除の中で**

は、住宅ローン控除がもっとも節税効率が高いものと思っています。

サラリーマンにとっては、最大の節税策といえるでしょう。私が家を買うことを勧めるのは、この住宅ローン控除も理由の一つです。

住宅ローン控除は、平均的サラリーマンでも年間数十万円単位で税金が安くなるんです。これを知っているのと知らないのとでは、経済生活がかなり違うと思われます。

考えても見てください。

家を買った人は、税金が毎年数十万円も安くなるのです。家を買わない人は、その数十万円の税金を払わされているわけです。資産を持つ人の税金が安くなり、持たない人は税金を払い続けるということです。家を持っている人と持っていない人の蓄財力の差はどんどん広がっていくのです。

住宅ローン控除は、手続きも簡単です。

一年目は必ず確定申告をしなければなりません。が、サラリーマンの場合は二年目からは会社でやってくれます。サラリーマン以外の人も二年目の確定申告からは、住宅ローンの年末残高証明書を添付するだけでいいのです。

初めの年の確定申告は、必要書類をそろえて、税務署で申告書を作成してもらうのがいいでしょう。住宅ローン控除は、ローン残高に応じて控除額が自動的に決まるので、税務署員と見解の相違が起こる余地はありません。だから、税務署員に安心して相談することができます。

ただし、住宅ローン控除にはいくつか気をつけなくてはならない点があります。

住宅ローン控除というのは、住宅にかかわる「借入金の残高」が控除の基準となります。だから、原則として住宅ローンを組んでいない人は、受けることができません。

特例として、自己資金だけで家を建てた人も控除を受けられるようになりましたが、これは後でご紹介します。

そして、住宅ローン控除の対象になるローンというのは、住宅部部分に関するものだけです。家を買う場合、土地と建物を同時に購入することが多いと思われますが、土地の部分のローンは含まれないのです。

敷地等の購入にかかる借入金の年末残高があっても、住宅ローン控除の対象とはなりません。つまり、土地を買った借金ではなく、建物を買った借金がないとダメなのです。

だから、もし家を買うとき、ある程度手持ちの現金があるのなら、それは土地の購入にあて、建物の購入にはローンを組むべきです。

住宅ローン控除の概要（一般住宅の場合）

居住年	借入限度額	控除率	各年の控除限度額	最大控除額
平成26年４月～平成31年６月	4,000万円	1.0%	40万円	400万円

住宅ローン控除の主な要件

●新築の場合

1. 住宅取得後６月以内に居住の用に供していること
2. 家屋の床面積が50㎡以上であり、床面積の２分の１以上が居住用であること
3. その年の所得金額が3000万円以下であること
4. 住宅ローン等の返済期間が10年以上で、割賦による返済であること

●中古住宅の場合

基本的には新築住宅の場合と同じだが、取得の日以前20年以内（マンションは25年以内）に建築されたものでなければならない。ただし、耐震基準適合証明書と住宅性能評価書があれば、この年数を超える物件も可。

〈必要書類〉
①住民票
②登記謄本
③売買契約書の写し
④住宅ローンの年末残高証明書
⑤給与所得者の場合には源泉徴収票

¥「認定長期優良住宅」「認定低炭素住宅」の住宅ローン控除

居住年	借入限度額	控除率	各年の控除限度額	最大控除額
平成26年４月～平成31年６月	5,000万円	1.0%	50万円	500万円

「長期優良住宅」ならばさらに節税に！

住宅ローン控除では、買った家が「認定長期優良住宅」か「認定低炭素住宅」の場合は、さらに節税額が増えます。

平成26年4月～平成31年6月までに居住した場合、控除限度額は50万円となります。

つまり普通の住宅よりも年間10万円の節税になるというわけです。トータルでは１００万円の違いがでてきます。

「認定長期優良住宅」というのは、一定の基準をクリアした災害などに強い住宅のことです。「認定低炭素住宅」というのは、家の素材や設備などで、炭素の排出が少ない住宅のことです。

国は、「災害に強い住宅」や「エコな住宅」を増やそうと考えており、そのために「認定長期優良住宅」「認定低炭素住宅」という制度をつくり、税金などを優遇して、普及を図っているわけです。

どちらも国が定めた基準により、認定されなければなりません。

その辺の詳しい内容は、不動産業者や建築業者に説明を受けることをお勧めします。特に建築業者ならば、「認定長期優良住宅」「認定低炭素住宅」の細かい内容や、建築費などを詳細に説明してくれるはずです。

もちろんこれらの住宅は値は張ります。節税分で元が取れる金額ではありません。ただ、災害対策やエコのためには、良い住宅といえるでしょう。

自己資金で家を買った場合も控除が受けられる

住宅ローン控除というと、ローンを組んで家を買った人だけが受けられるものというイメージがあります。

が、現在では、全額自己資金で家を買った人も、一定の条件をクリアすれば、控除が受けられるようになりました。それをちょっと紹介しておきますね。

住宅ローン控除は、平成26年度から大幅に改正されました。

簡単にいえば、**控除額が倍増した**のです。これは消費税増税に伴い、消費減が予測されるため、住宅ローン減税を拡充し、住宅取得を促進させようということです。

それまで、住宅ローン控除の限度額は年間20万円でした。これを10年間受けられるので、最大で200万円です。

しかし、平成26年度の改正で、限度額は年間40万円に拡充され、10年間で400万円まで控除を受けられるようになりました。

長期優良住宅なども、これまで控除限度額が年間30万円だったものが、50万円に拡充されています。

またこの改正で、自己資金で家を買った人も減税の対象になりました。

住宅ローンというのは、これまで家屋の新築や購入による住宅ローンの年末残高がない場合には、受けることはできませんでした。

しかし税制改正により、平成26年からは、国が定める「認定長期優良住宅」を自己資金で取得した人には、控除を受けられるようになりました。これは所得税のみが対象で住民税には影響しません。

平成26年3月までに取得した人は最高50万円、平成26年4月から平成31年6月までに取得した人は最高65万円の税額控除を受けられます。

税務署員夫婦がやっている住宅ローン控除の裏ワザ

税務署員というのは、税務署員同士で結婚するケースも多いものです。

税務署員の女性の割合は１割ちょっとです。だから、男性署員は女性署員と結婚できる可能性は非常に低いものです。が、女性署員のほとんどは、同じ税務署員と結婚します。きちんとした統計はありませんが、筆者の感覚では、９割以上の女性署員が、税務署員と結婚しているのではないでしょうか。

そして、女性署員は結婚したり、出産しても、退職することはほとんどありません。産休が取れますし、女性が働きやすい環境があるし、何より身分が安定しているからです。

税務署員同士の夫婦の場合、普通の税務署員よりも、さらに早く家を買うケースが多いです。公務員の場合、一人ではそれほど高給ではありませんが、二人分となると、それなりの収入になりますからね。

そして、**税務署員夫婦が家を買うときには、必ず、ある裏ワザを使っています。**

「家を共同名義にして、夫婦ともに住宅ローン控除を受ける」

という方法です。

マイホームはどちらか一方の名義にするのではなく、名義を分けて双方で住宅ローン控除を受けるのです。

実は住宅ローン控除は、夫婦のうちどちらかだけしか受けられないというものではありません。夫婦共同でマイホームを購入し、ともに住宅ローンを背負っているということすれば、夫婦ともに控除を受ける資格が生じるのです。

しかも夫婦ともに、住宅ローン控除を受ければ、限度額は二人分になります。

住宅取得控除は、住宅取得のためにローンを組んだ場合に、ローン残高の1％が税金から控除されるものです。住宅ローンの借入残高が２０００万円あれば20万円の節税となります。

しかし住宅ローン控除は、当人が払った税金以上には控除することはできません。だから、住宅ローン控除額の枠が40万円あったとしても、当人が30万円しか税金を払っていなければ最大でも30万円しか控除はできないのです。

つまり、住宅ローン控除額の枠内の10万円は捨ててしまう計算になります。

しかし夫婦で住宅ローン控除を受ければ、その弊害を防ぐことが可能です。夫の税金だけはなく、妻の税金も取り戻すことができるのです。

だから、先ほどのケース、住宅ローン控除額の枠が40万円あり、夫の税金が30万円だった場合でも、もし妻の税金が20万円くらいある場合は、控除枠の満額の40万円の税金を取り戻すことができるのです。

この方法はもちろん、税務署員夫婦だけではなく、普通の共働きの夫婦でも使えます。

夫婦で住宅ローン控除を受ける方法は以下の通りです。

- 家の名義を夫婦の共同名義にする（持ち分は２分の１ずつにする）
- 家のローンを夫婦で連帯債務にする

たとえば、４０００万円のローンを組んで家を買ったとします。これを夫婦の共同名義にして、２０００万円ずつローンを背負っていることにします。一人あたりの控除限度額は20万円ですが、これを夫婦それぞれが持っているわけなので、合計40万円です。

つまり、４０００万円のローン残高がある場合、夫一人で住宅ローン控除を受ければ、40万円の全額を控除できないかもしれないけれど、夫婦が両方で受けた場合は、40万円まで控除されるのです。

ただし、これは、夫婦ともにある程度の税金を払っていること、夫婦の収入がかけ離れていないこと、が条件になります。

妻（夫の場合も）に所得税の支払いがない場合は、分散しないで、収入のあるほうだけにするべきです。妻（夫の場合も）の収入が少なく、所得税も住民税も払っていないような場合、妻が住宅ローン控除を受けても節税の余地がないからです。

確定申告の要領は、夫婦ともに同じです。必要書類を揃えて、確定申告をすればいいだけです。

普通のサラリーマンでも相続税がかかってくる？

家を買えば、所得税、住民税だけではなく、相続税の節税になることもあります。

相続税というと、大金持ちにしかかからない税金というイメージがありますが、残念ながら小金持ちくらいの人の場合はかかってくる可能性があります。しかも平成25年度の税制改正により、３６００万円より多い遺産を相続する場合は、相続税がかかってくる可能性がでてきました。

３６００万円というと、普通のサラリーマン家庭でも、公務員の家庭であっても、ちょっと頑張ればつくれる財産です。相続税がかかる可能性は十二分にあるのです。

が、もちろん、税務署員たちは、相続税を払うような「ヘマ」はしません。

相続税対策を考えた場合、もっとも効果的なのは「家」です。だからこそ、税務署員は家を持つのです。

遺産を「家」で残すことは、実は非常に相続税の上では有利になっています。

財産を預金・金融商品で残せば、そのままの金額が相続税の対象となります。

たとえば、１億円を預金で残せば、１億円まるまるが相続税対象額となるのです。

しかし、「家」の場合はそうではありません。

というのも、家の場合の遺産としての評価額は、土地の部分は路線価を基準に、建物部分は、固定資産税評価額を基準に決められます。

路線価については先述しましたが、ここであらためて詳しく説明しておきます。路線価というのは、国税庁が毎年決める、道路に面している土地の評価額のことです。市場価格に近い価格が設定されますが、市場価格よりも高くなった場合は、相続税を取り過ぎることになり、世間の反発を買いますので、やや低めに設定されているのです。

また固定資産税評価額というのは、市区町村の担当者が建物を見て、これはいくらぐらいかというのを算定して決めます。そしてこの固定資産税評価額は、年を経るごとに減額されていきます。年を経れば建物の資産価値は減っていきますからね。

路線価にしろ、固定資産評価額にしろ、大概の場合、市場価格よりも若干少なめに設定されています。

しかも、建物の場合は、建ててから年数を経るごとに価値は下がっていきますので、10年も経てば、半額以下になることも珍しくありません。

たとえば、ある男性の遺産が4000万円で購入した住宅だったとします。

この住宅は購入時は土地2000万円、建物2000万円でした。購入してから20年後に、持ち主が死亡して遺産となったのです。

相続税の評価額を算出したところ、土地の値段は路線価を基準にすれば1800万円となっており、建物は固定資産税評価額が600万円となっていました。つまり遺産としての評価額は、2400万円でした。

この男性には、他に預貯金が1000万円ありました。この場合、遺産の合計は3400万円ですので、遺族には、相続税はまったくかかってきません。

でも、もしこの男性が家を購入せず、預金・金融商品で5000万円を残していた場合は、相続税がかかってくる可能性もあるのです。

330㎡以内の宅地を相続すれば相続税は80％減

しかも、家には、さらなる相続税法上の特典があります。

というのも、故人と遺族が同居していた「家」の場合は、相続遺産としての評価額が大幅に下げられるのです。

「死亡した人と同居していた家族が、死亡した人の家を相続した場合」には、その宅地の評価額が80％も減額される、という特例があるのです。

これは、「小規模宅地等の特例」と呼ばれるものです。

平成26年までの例でいうと、240㎡以内の宅地を、死亡した人と同居している親族が相続した場合に適用されるものです。同居している親族というのは、もちろん配偶者も含まれます。

だから、簡単にいえば夫が死亡して、妻がその家を相続した場合は、その宅地の評価額は

80％減でいいということなのです（240㎡以内であれば）。

筆者が、「普通の人には相続税はかからない」といっているのは、これも大きな理由です。

しかも、しかもです。

この特例は、平成27年から大幅に拡充されたのです。対象となる宅地が240㎡以内から、330㎡になったのです。

330㎡といえば100坪です。

100坪の宅地って、相当広いですよね。

豪邸と呼ばれる家であっても、100坪以上の広さを持つ家って、そうはないでしょう。

もし都心の一等地で330㎡もの家を持っていれば、億を超えることはざらにあります。

しかし、これが80％も減免されるのです。

たとえば、330㎡、評価額2億円の家に住んでいる人が死亡した場合、一緒に住んでいた家族（妻や子供、兄弟など）がその家を相続するなら、相続税申告の際の資産評価額は、4000万円で済むのです。

家の他に現金預金などがほとんどなければ、4000万円の相続遺産ということは、法定相続人が2人以上いれば相続税の対象にはならず、相続税は払わずに済むのです。

この制度があるので、遺産を持ち家で残すことは、最強の相続税対策といえます。不動産の場合は値上がりする可能性もあり、すべてのケースに当てはまるということではないけれど、大半のケースでは遺産は預金・金融商品で残すよりも持ち家で残したほうが、遺産としての評価額は減少するのです。

もっとも効果の高い相続税対策は「同居」

ただしこの特例は、その家に一緒に住んでいた家族がその家を相続した場合に限られます。別居していた子供が親の家をもらったような場合には、この特例は適用されないのです。

この特例は使い方によっては相当な資産家でも相続税を払わずに済むことになります。相当な金持ちでない限り、都心で３３０㎡以上の宅地などは持てないはずです。都心で３３０㎡の土地を持つには、数億円は軽くかかりますからね。10億円を超えることも珍しくないでしょう。

だからこの方法を使えば、評価額10億円の家を相続する場合でも、相続税をほとんど払わなくて済むことがあるのです。

相続税対策としては「最強」といえるでしょう。

つまり、豪邸を購入して、家族と同居するのが、もっとも効果の高い相続税対策といえるのです。

この330㎡の条件は、全国共通です。

都心部であっても、地方であっても、330㎡以内の宅地は、この特例の対象となります。

たとえば、都心部で評価額2億円・330㎡の宅地を持っていれば、全部がこの特例の対象となりますが、地方で評価額5000万円・600㎡の宅地を持っていても、この特例からはみ出てしまうということです。

だから、地方で広大な家を建てるよりは、都心部で330㎡以内の宅地の家を建てるほうが、相続税対策になるということです。

まとめますと、最強の相続税対策は、「都心部に豪邸を買って家族と同居する」ということです。

二世帯住宅は相続税対策の切り札！

前項では、３３０㎡以内の小規模宅地を相続すれば、相続税が大幅に減額になる、ということをご紹介しました。

しかし「親と同居はできない」と諦めてしまう人もいるのではないでしょうか？

そういう方に朗報があります。

この「小規模宅地の特例」は平成25年度の改正により、完全分離型の二世帯住宅も対象とされたのです。

それまで、完全分離型の二世帯住宅は、この特例の対象外とされていました。

玄関や住宅の一部が共同になっている住宅しか、この特例の対象とはされなかったのです。

しかし、今回の税制改正からは、玄関が別々で、両家の間を行き来できない「完全分離型」でもいいということになったのです。

だから、親がけっこう大きな金を持っている場合は、**地価の高い地域で、完全分離型の二世帯住宅を買ってもらい、そこに同居するのがもっとも効果的な節税策**だといえます。

この特例の対象となる二世帯住宅の種類など、詳しいことについては住宅メーカーか、税務署にお尋ねください。

死亡時に老人ホームに入所していても大丈夫

「小規模住宅の特例」では、完全分離型の二世帯住宅とともに、もう一つ大きな改正が行われました。

それは、「死亡時に家の所有者が老人ホームにいても、入所前に同居していれば特例の対象となる」ということです。

この特例は、先ほどもいいましたように、財産を持っている人と、それを相続する人が同居していなくては適用できません。

なので、高齢のために所有者が老人ホームに入所したような場合は、これまではこの特例が適用できませんでした。

しかし、平成27年以降は、所有者が老人ホームに入所したことで、死亡したときにその家に住んでいなかったとしても、介護が必要なために入所したような場合は、適用されることになったのです。

随分、使い勝手がよくなったといえるでしょう。

故人が老人ホームに入居していても「小規模住宅の特例」が使える条件

次のような理由により、相続開始の直前において被相続人の居住の用に供されていなかった宅地等について、一定の要件を満たす場合には、特例の適用ができるようになりました。ただし、被相続人の居住の用に供さなくなった後に事業の用又は被相続人等以外の者の居住の用とした場合を除きます。

イ 要介護認定又は要支援認定を受けていた被相続人が次の住居又は施設に入居又は入所していたこと

A 認知症対応型老人共同生活援助事業が行われる住居、養護老人ホーム、特別養護老人ホーム、軽費老人ホーム又は有料老人ホーム

B 介護老人保健施設

C サービス付き高齢者向け住宅

ロ 障害支援区分の認定を受けていた被相続人が障害者支援施設などに入所又は入居していたこと

＊国税庁ホームページより

所得が低くても家は買える！

「家があったほうが得をするのはわかっているけれど、家を買うような金はない」

と思っている人も多いかもしれません。

しかし、所得が低いから家が買えない、というのは大きな勘違いです。

都会で普通の賃貸住宅に住んでいる人ならば、だれでも家を買うくらいのことはできるのです。

だって、家賃を払っているわけでしょう？

前述しましたように、家を買うのは、家を借りるよりも安くつくはずなのです。

住宅ローンの返済金額（固定資産税を含む）というのは、家賃より安くなるのが普通なのです。だからちゃんと家賃を払えるだけの収入がある人なら、家を買うことはできるのです。

「俺の収入では銀行がお金を貸してくれないよ」

と思ったあなた、そう卑下するものではありません。

「はじめに」でも述べたように、本書はサラリーマンの方々を対象としたものですが、**サラリーマンというのは、金融機関からの信用が非常に大きいのです。その強みを生かさない手はありません。**

同じ会社に3年働いていれば、銀行は喜んでお金を貸してくれます。低所得でも2、300万円くらいの融資はしてくれるものです。

サラリーマンの方は、自分が思っている以上に、資金力があるのです。その資金力を生かせば、家を建てられないはずはないのです。

第4章

なぜサラリーマンが不動産賃貸すると得するのか？

不動産業を営む税務署員

税務署員というのは、公務員なので原則として副業は禁止されています。まれに、実家が農業をしていて、田植えや稲刈りの手伝いをする、というような人もいますが、それも本当に少数です。

ほとんどの税務署員は副業などはやっていません。

が、唯一、例外的に、不動産業だけは税務署員に認められています。

認められているというと語弊があるかもしれません。現状は、大っぴらに認めているわけではないけれど、黙認されているということです。

というのも、税務署員は持ち家を買うことが多いと述べましたが、家を買った後、転勤などで、引っ越ししなくてはならないケースなどがありますよね？

そういうとき、税務署員はその家を売らずに貸し出しをします。それは、国税当局としても認めざるを得ないわけです。

また親から不動産を譲り受けたというようなケースもあります。こういう場合も、当局としては、不動産業を禁止するわけにはいかないのです。

だから、不動産業を営んでいる税務署員はけっこういます。

中には親から不動産を譲り受けたわけでもなく、転勤で住めなくなったわけでもないのに、自ら積極的に不動産業を営んでいる人もいます。それは、公務員法の見地から見れば違反なのですが、他の人の不動産業が黙認されているので、そういう人だけダメというわけにもいかないのです。

そして、ここに一つ大きなポイントがあるのですが、**サラリーマンが不動産業を営むと、給料にかけられていた源泉徴収税が還付されることが多い**、ということです。つまり、節税になりやすいのです。

それも踏まえて、税務署員は家を購入したり、不動産業を営んだりしているわけです。

では、サラリーマンが不動産業を営むとなぜ税金が安くなるのか、具体的な仕組みについてご説明していきましょう。

転勤族も持ち家を買える

サラリーマンが家を買うのを躊躇する要因の一つに、転勤があると思われます。前に述べましたように、税務署員は非常に転勤が多い職場です。

その辺も、税務署員はきちんと計算しています。

まあ、税務署員としても、なるべく持ち家を買うときは、引っ越さなくてもいいように配慮しています。税務署員が家を買うのは、だいたい家族ができて、子供が学校に入るくらいになったときです。子供が学校に行くようになると、引っ越しというのはなかなか難しくなります。そのころに家を買うのです。

そして、転勤になっても家族は引っ越しさせずに、単身赴任することが多いのです。税務署員は、住居費用の半分は職場が持ってくれます。だから、単身赴任をしてもそれほど経済的な負担はないのです。

またどうしても引っ越さなくてはならない事態となったとき、先ほども述べたように税務署員は持ち家を売ったりせずに、賃貸に出します。若くしてマンションなどを買う税務署員もいますが、彼らも引っ越しが必要になったら賃貸に出します。

彼らには十分な戦略があるのです。

賃貸に出せば、ローンが賄えるだけではなく節税にもなるのです。

サラリーマンがアパート賃貸などの不動産業をする場合、サラリーマンとしての給与所得と、アパート賃貸で得る不動産所得は合算して、その総額に対して税金がかかるようになります。

もし不動産所得が赤字だった場合、その赤字分は給与所得から差し引かれることになるのです。

たとえば、給与所得が８００万円あって、不動産所得は赤字３００万円がある人がいるとします。この人の所得は、８００万円－３００万円で差し引き５００万円です。

でも、給料からは、所得８００万円分としての源泉徴収がなされています。所得３００万円分の税金が、払い過ぎになっているわけです。

この払い過ぎの税金が還付されるのです。

不動産業の節税マジック

「サラリーマンが不動産業をすれば、赤字分が差し引かれて税金が安くなる」

そういわれても、ピンと来ない方も多いでしょう。

特に「不動産業は赤字になる」という部分に引っ掛かった人、心配になった人も少なくないはずです。

「税金が減っても不動産業で赤字を出せば元も子もないじゃないか？」

と。

確かに、不動産業で大きな赤字を出してしまえば、給料の税金が安くなったところで、収入自体が大きく減るわけなので、本末転倒ということになります。

だから、不動産事業を本気でやる場合には、赤字にならないように研究しなければならないといえます。

けれど、**不動産業というのはマジックがあり、実際には儲かっていても、帳簿上は赤字になることが多い**ものなのです。

なぜ、赤字になるのかというと、これにはちょっとしたカラクリがあります。

不動産業では「減価償却」といって、建物の購入費用を経費に計上できるのです。が、購入費用を一括で全部経費にできるわけではありません。購入経費を耐用年数で按分《あんぶん》して、一年ごとに経費化していくのです。

たとえば、耐用年数十年の建物を、1000万円で買ったとします。

この場合、毎年100万円ずつを10年間、経費に計上できるのです。本当はもう少し複雑な計算があるのですが、理屈はこういうことです。

減価償却というのは、実際に費用として、お金が出て行くわけではありません。なのに、帳簿上だけ費用として計上されていくわけです。

この1000万円で購入した建物を月5万円で貸し出します。年間の収入は60万円です。が、毎年100万円の減価償却費を経費として計上できますので、差し引き40万円の赤字になります。その赤字分の税金が還付されるのです。単純にいえばそういうことです。

本当は儲かっているのに赤字になるカラクリ

実質的には利益が出ているのに、帳簿上は赤字になるというカラクリ、会計初心者の方には、若干、わかりにくいところですね。

ここでもう少し細かい設定をして、ご説明しましょう。

木造モルタル建てのアパート（4部屋）を3000万円で30年のローンを組んで建てた人がいるとします（便宜上、土地は最初から持っていたことにします）。

家賃収入は、ひと部屋あたり月5万円、年間60万円。4部屋とも一年間埋まっていたら240万円の収入になるというわけです。部屋は年間8割程度埋まっていたとして、年間収入が192万円と仮定します。

で、減価償却の話です。

この建物の資産価値は3000万円です。木造モルタルの建物は耐用年数が20年なので、1年間に5%ずつ減価償却していくことになります。ということは、3000万円×5%で、150万円です。

つまり、この１５０万円を年間の減価償却費として計上できるのです。

さらに、この人はローンを組んでアパートを建てていますから、その支払利子も経費として計上できます。

利率が２・５％として、３０００万円×２・５％で75万円。この75万円が支払利子として計上できます。

減価償却費１５０万円に、支払利子75万円を足せば、２２５万円です。

この時点ですでに家賃の年間収入１９２万円を大きく超えています。

これに、不動産屋への支払いとか、建物の修繕費とか、さまざまな雑費とかの経費が全部で50万円あったとします。

すると、経費は全部で２７５万円となり、80万円以上の赤字になるのです。

で、実際のお金の出し入れはどうなっているかも計算してみましょう。

収入は１９２万円、これは全額現金で入ってきますね。

出て行くお金は毎月のローンが10万円くらいとして、年間１２０万円程度です。そして不動産屋への支払いなどのもろもろの経費が50万円、固定資産税が20万円として、全部で１９０万円ほど。

つまり入ってくるお金（192万円）のほうが、出て行くお金（190万円）よりもわずかながら多いことになります。家賃収入でローンを賄っておつりがくるというのは、実質的にはかなり儲かっているといえます。なぜなら、自分の建物のローンを払うということは、自分の資産が増えているということですから。

なのに帳簿上は、80万円以上も赤字が出ているのです。

もちろん、この収支は、入室状況などによって変わってきます。

もし満室の状態がずっと続けば、赤字はもっと少なくなりますし、部屋の空きが多ければ、赤字は多くなるということです。

が、不動産業が帳簿上、赤字になりやすいというのは、間違いないのです。

サラリーマンは不動産業に適している

不動産業は、**実はサラリーマンにとても適しています**。

というのも、まずサラリーマンは資金調達が容易です。サラリーマンは銀行や金融機関には非常に信用がありますから、マンションやアパートの建築資金はすぐに融資してもらえるのです。

これが、自営業者やフリーランサーだったらそうはいきません。

彼らは金融機関に信用がありませんから、過去の申告書を提出したり、これまでの収入状況を説明したりして説得する必要があります。

サラリーマンは、そういう作業がほとんど必要なく、お金を調達することができるのです。**サラリーマンは、自分ではこの利点にあまり気づいていません。この利点は、うまく使うべきだと思います。**

〝サラリーマン大家〟の優位性は他にもあります。

不動産業は、あまり手がかからない業務です。だから忙しいサラリーマンにはうってつけなのです。

不動産事業は、開始当初こそ、建物を建てたり購入したりと、少しわずらわしい手続きが必要です。不動産を貸せる状態にするまではけっこう大変です。でも一旦賃貸を始めれば、後はそれほどすることはありません。

たまに部屋の不具合やトラブルが起きて対処するくらいです。

「何もしなくていい」とまではいいませんが、少なくとも他の事業に比べればはるかに手間がかからずに済みます。

数部屋程度の不動産業であれば、サラリーマンでも余裕でやっていけるのです。

そしてサラリーマンにはさらに有利な条件があります。

それは、サラリーマンは不動産業で遮二無二《しゃにむに》利益を上げる必要はない、ということです。サラリーマンには本業があります。その本業で食っていけるわけですから、不動産業で無理な経営をする必要はないのです。家（建物）は資産として残りますから、「損さえ出さなければいい」のです。つまりは、家賃収入で建物のローンが支払えて諸経費なども賄えていれば、それで十分なのです。

ちょっと資金の余裕のあるサラリーマンが事業をしようという場合、不動産業はうってつけだともいえるのです。

不動産は年金の代わりにもなる

不動産業は、節税になるとともに、年金の代わりにもなります。

不動産業は、投資としてあまり有利ではない、ということが時々いわれます。実質的な年利が５％前後の物件も多いので、株など他の投資を行ったほうがいいというわけです。

また、不動産業は資金の回収に時間がかかるので、年配の人にとっては元が取れない、ということもいわれることがあります。

しかし、筆者は必ずしもそうとは思いません。

たとえば、定年を５年ほど残した50代の人が、３０００万円を不動産に投資したとします。この投資を回収するのは20年以上かかることになっています。もしかしたらこの人は、投資を回収するまで生きていないかもしれません。

しかし、不動産投資をしていれば、一定の収入がずっと入ってくるわけです。資金の回収が終わってからも、30年、40年と定額の収入が得られるわけです。老朽化して、店子が入らなくなっても、資産としては残っているので、そのときは売るか、建てなおすかをすればいいわけです。

つまり**不動産は、自分が所有している限り、その期間は金を生んでくれるもの**なのです。

一方、もし３０００万円を投資せずに、貯金していたとします。すると、この３０００万円は、年月とともに減っていくばかりなのです。

そういう点を考えれば、不動産業はその収入以上の価値があるといえるのです。

不動産事業は、投資した金を回収するのに何十年もかかり、年利にすればそうたいした利益がないことが多いものです。

しかし、そもそも毎年毎年、定期収入が入ってくるという利点がありますし、店子が入っている限りはいつまででも収入が入ってくるのです。

それなりに研究は必要

これまでサラリーマンが不動産業を営むと節税になり資産蓄積にもなる、ということをご紹介してきました。

とはいえ、安易に不動産業を勧めているわけではありません。

なぜなら不動産業を始めても、全然店子が入らなければ、大損することもあるからです。

なので、**物件選びは慎重に**行いましょう。

まず人気のある土地、つまり地価の下がりにくい場所を選ぶことです。

どんな土地が人気があるのか（価値が下がりにくいのか）ということは、路線価を説明したところで（94ページ）紹介していますので、参照してください。

そして1年間くらいは、いろいろ物件を見て回って研究したほうがいいでしょう。また自分に土地勘がある場所で購入したほうがいいでしょう。だいたいの相場もわかるだろうし、不動産業を行う上でも都合がいいので。

こういうとき、収入の道があるサラリーマンは有利なのです。あわてて物件を買わなくていいですからね。気に入ったものがあれば買えばいいのですから。

気をつけていただきたいのは、**「不動産物件に掘り出し物はない」**ということです。

どういうことかというと、不動産物件というのは、「相場からかけ離れて安いものが出回るようなことはない」ということです。

不動産物件というのは、不動産業者をはじめ、いろんな業界の人が虎視眈眈《こしたんたん》と狙っているものです。

少しでもいい物件があると、たちまち彼らに押さえられてしまいます。だから、素人が掘り出し物を手にすることなど、まずあり得ないのです。

もし、相場に比べて異常に安い物件があるとすれば、何らかの理由があるのです。毎年洪水で水浸しになるとか、どこかに欠陥があるものです。相場よりも安い物件に出くわしたら、その理由をとことん聞くことです。

だからといって、市場よりも著しく高い物件もそう出るものではありません。不動産業界は競争が激しいので、市場価格ギリギリのところで推移していることが多いのです。だから普通にやっていれば、そう変なものを掴まされることはありません。素人だからといって恐れるものでもありません。

ただ、その地域の相場とか、立地条件と値段の関係などは、十分に研究したほうがいいでしょう。

不動産購入に関する詳しい話は、本書の趣旨ではないので、この程度にしておきますが、くれぐれも研究は怠らないことです。

サラリーマン副業節税とは？

「サラリーマンが不動産業で赤字を出して税金を安くする」というスキームによく似た方法で、「**サラリーマン副業節税**」というものがあります。

ビジネス誌などで時々取り上げられるのでご存知の方もいるでしょう。

これについて、ちょっと解説したいと思います。

この手法は、実は非常に危険性を伴うものであり、非常に誤解されているスキームでもあります。

なぜサラリーマンが副業をすれば税金が安くなるのかというと……。

サラリーマンが給料から天引きされている税金というのは、所得税と住民税です。

所得税というのは、その人の所得に応じてかかる税金であり、住民税というのは所得の多寡にかかわらずその人の所得に10％の税金が課せられるものです。

つまり、所得税も住民税も「所得」に対してかかってくる税金というわけです。

所得には、給与所得、事業所得、不動産所得など10個の種類があります。

この所得の種類は、一人が一種類のみとは限りません。先ほど説明したように、サラリーマンをしながら不動産収入がある人もたくさんいます。

そういう人の場合は、種々の所得を合計して、その合計額に対して税金が課せられることになります。

そして、給与所得と事業所得がある人の場合、二つの所得は合算されることになっているのです。

たとえば、給与所得が1000万円、事業所得が1000万円あった場合、この人の所得は2000万円ということになります。

さらに事業所得には、「赤字」を計上することが認められています。つまり、事業所得はプラスだけではなく、マイナスになることもあるのです。

給与所得と事業所得のある人が、事業所得に赤字があれば、その赤字を給与所得から差し引けることになっています。

たとえば、給与所得が800万円、事業所得は赤字が600万円あった場合、この人の所得は800万円－600万円で、200万円ということになるのです。

この人の場合、会社の源泉徴収では、800万円の所得として税金が差し引かれています。でもこの人の合計所得は200万円しかないので、納め過ぎの状態になっているのです。

これを税務署に申告すれば、納め過ぎの税金が戻ってくる、というわけなのです。不動産業のときと、ほぼ同じ仕組みですね。

この仕組みを利用して、サラリーマンが副業を始め、赤字を出して税金を安くするというのが、「サラリーマン副業節税」のスキームなのです。

この節税スキームのキモは、副業を事業所得として申告することです。

本来、副業的な収入は雑所得として申告するのが普通です。

雑所得というのは、年金所得や、額が小さくて取るに足らない所得などのことです。

この雑所得というのは、赤字が出ても他の所得と合算することができません。

たとえば、売上80万円で、経費が１００万円だった場合、雑所得はゼロということにされ、赤字の20万円は税務申告の上では無視されてしまうのです。

なので、「サラリーマン副業節税」をするためには、雑所得ではなく、事業所得として申告する必要があるのです。事業所得ならば、赤字が出た場合、他の所得と差し引きができるからです。

が、副業をした場合、誰でも事業所得で申告できるのでしょうか？

実は、これが微妙なのです。

「事業」というと、大々的に商売をしているという印象があり、ちょっとした副業程度では事業とはいえないような感じもあります。

しかし税法上は、どのくらいの規模があれば「事業」として認められるか、という明確な区分がありません。

つまり、**副業が雑所得として受理されるか、事業所得として受理されるかに明確な区分はない**のです。

そのため、サラリーマンが本業をしながらできる副業であっても、事業所得として申告することは不可能ではないのです。

サラリーマンをしながら副業を事業所得として申告している人は昔からたくさんいます。たとえば、サラリーマンをしながら家業の酒屋を継いでいるというような人の場合など。そういう人たちは昔から立派に「事業」として申告していたのです。

だから理屈の上では、どのような「事業」であろうと、副業として事業所得の申告をすることは可能なのです。

事業で赤字を出して源泉徴収された税金を取りもどす？

「副業で赤字を出す」

ということは、どういうことなのか、もう少し説明しましょう。

事業で赤字を出して税金を安くする、ということは、事業で損をするということでもあります。だから普通に考えれば、税金が安くなったとしても事業で損をすれば、本末転倒ということになります。

しかし、事業の経費の中には、プライベートの支出に近いようなものもたくさんあります。そういう経費をどんどん積み上げることで、実質的には事業で損はしていなくても、申告上は損を出すのです。

たとえば、自分の借りているアパート、マンションなどで仕事をしていれば、「自宅の一部が仕事場になっている」ということにして、家賃の一部を経費として計上するのです。電気代、水道光熱費なども同様です。

もちろん経費は、これだけではありません。

パソコンを使って仕事をするような人は、パソコンの購入費やインターネット料金も経費に計上するし、テレビやＤＶＤで情報を収集するような場合は、その購入費も経費に計上します。

また書籍などの資料を購入した場合も、もちろん経費に計上します。情報収集のために雑誌を買った場合も同様です。

さらに、仕事に関係する人と飲食などをした場合は、接待交際費として計上するのです。

つまり、副業でありながら、実質的には経営者のような経費の使い方をするのです。

そうやって赤字を積み上げるのです。

だから、実際に損をしたという感じではないのに、事業所得を赤字にできるのです。

「社会通念上」という壁

ただしこの「サラリーマン副業節税」には、大きな落とし穴もあります。

「サラリーマンが事業をして赤字を出し、給与所得から赤字を差し引く」というのは、理屈の上では可能なことです。

でも現実的に税務署に「事業」として認めさせることは、そう簡単ではないのです。

というのは、副業を事業所得で申告するには、やはりある程度のハードルがあります。何の実績もないのに、ただ届け出を出すだけで、「私は事業をやっています」ということにはならないのです。

先ほど述べたように、副業の収入がいくら以上あれば事業として認められる、という線引きは税法上はありません。事業の準備段階や、時期によって収入がほとんど生じない事業もあるので、売上がいくら以下ならば事業として認めない、という線引きをつくることはできないのです。

しかし、ならばまったく収入のない、実体のない事業を事業として認められるかというと、そうではないのです。

まったく収入がない、実体がないのに、経費だけ計上してきて、それをすんなり認めるほど、日本の税務当局はお人好しではありません。

税金の世界では、「社会通念上」という考え方があります。

明確な線引きがされていない部分では、「社会通念上」に照らし合わせて是か非かが判断されるのです。

たとえば、年収20万円しかないのに３００万円も経費があれば、それは「社会通念上」に照らし合わせて妥当とはいえない、だからダメ、ということになるのです。

税法では、この「社会通念上」という判断基準は、裁判所の判例でも認められているのです。法的に明確に「黒」と記されていなくても、「社会通念上」に照らし合わせておかしいものは「黒」と判断する、ということです。

だから、普通のサラリーマンが実体のない副業を適当につくって、節税をしようとしても、それは認められない可能性が高いのです。

また昨今では、この「サラリーマン副業節税」を指南する経営コンサルタントが、架空の経費の領収書を顧客に斡旋《あっせん》するなどして、国税から摘発されたケースもあります。

くれぐれも、安易な気持ちでこの節税には手を出さないことです。

この手法は、ちゃんと事業をやろうと思っている人、副業をビジネスに結び付けようと思っていろんな準備をしている人にしか、可能ではないといえます。ちょっとした節税に使える手法ではないし、そういうことをすれば大きなしっぺ返しがくることになります。

第5章

税務署員の投資術

「株投資で大儲けできる！」はウソ

この章では、株式投資のお話をしようと思います。

が、株式投資で大儲けできるような話は一切できません。

巷《ちまた》には「株で大儲けする方法」というような本が多数出回っています。でも、そのほとんどはウソです。いや、一時的、偶発的に儲かることはあるかもしれませんが、100％儲かるような株の法則は、まだ誰も発見していないのです。

投資家のジョージ・ソロスは天才的投資家といわれ、裸一貫から巨額の富を築いています。が、彼には、インサイダー取引で摘発された経歴があるのです。投資の天才とされているジョージ・ソロスでさえ、ズルをしないと確実に儲けることはできないのです。

プロのトレーダーでも、5％の収益を上げることができればいいほうなのです。

情報、技術が少ない一般の投資家が、そう簡単に儲けられるはずはないのです。

だから、**「株で絶対に儲けられる」というような本は絶対に信じないこと**です。もしそんな方法が本当にあるのなら、作者はその方法を絶対に人に教えるはずはないし、本を書くまでもなく、投資生活に没頭しているはずです。本を書くというような労力をかけずとも、巨万の富を得られるはずです。そういう類の本は、絶対に信用しないことです。誰も責任をとってくれませんので。

株というと「危ない」「ギャンブルと同じ」というふうに思っている人も多いかもしれません。確かに、株は「投機」として買うと、かなり危ない要素を占めています。

株の値上がりを期待して売買をすることは、はっきりいってギャンブルです。

暴落とか暴騰とかじゃなくて普通の相場でも、一日で株価が数％前後するというのは、ごく普通のことです。１００万円投資していたら、一日で２万～３万円増減するのは、普通のことなのです。

もし毎日2万円、パチンコで負けていたら、かなり苦しいでしょう？

そういうことが、普通に起こるのです。

こういうリスクの高い投資というのは、よほど勉強しない限り儲けられるものではありません。アベノミクスで上がり相場だともいわれていますが、もう今の時点でかなり上がっています。これ以上、上がるかどうかは誰にもわからないし、もしかしたら暴落するかもしれないのです。

株の売買で大儲けしようなどとは決して思わないことです。

税務署員は配当目的で株を買う

ところで、税務署員の中には、株を持っている人もけっこういます。

株の売買の危険性を散々吹き込んだ後にいうのもなんですが、蓄財をする上で、株式投資も一つの方法だといえます。

株には、「投機」以外の目的に購入することもあります。

それは、**「貯蓄」としての株**です。

つまり値上がり目的で買うのではなく、配当目的で購入するのです。

配当だけを目的とした場合、株というのはそれほど危険なものではありません。

そして本来、株というのは、この配当を目的としたものなのです。

たとえば、トヨタの株は、この10年くらいだいたい2％以上の配当をしてきました。おそらくこの先もそういう配当をしていくと思われます。昨今の低金利時代では、銀行に預金しても、利息はないに等しいものです。定期預金であっても、利息は微々たるものです。だから、トヨタの株の配当率というのは、「金融商品」と考えれば非常に有利なものだといえます。

もし年金生活者で貯金が1000万円くらいある人が、その半分の500万円を使ってトヨタの株を買ったとします。すると毎年、10万円くらいの配当収入が得られるわけです。年金暮らしでの年間10万円はけっこう大きいはずです。夫婦でちょっとした旅行ができる金額です。

そして、現在NISA（ニーサ・少額投資非課税制度）という制度があり、500万円までの投資ならば配当収入には税金はかかりません。NISAについては、これから詳しくご紹介します。

もちろん、株価というのは変動しますので、投資した500万円も増減することになります。500万円を大きく割り込むこともあるでしょう。が、購入したときの持ち株数は減りませんので、配当は当初の株数分だけきちんともらえます。トヨタが例年並みの配当を続けていれば、例年並みの配当収入は得られるわけです。

だから、**株価の増減には目をつむって、ひたすら配当収入だけを目的とするならば、今のところ断然、銀行預金よりもいい**ということです。銀行預金の場合、事実上「無配当」が続いていますからね。

もし、すぐに必要でないお金を持っているような場合、配当目的で株を購入するのは、アリなのではないでしょうか？　トヨタよりも高配当を続けている企業もありますので、そういう株を研究してもいいでしょう。

が、繰り返しますが、株の投資には「元本割れ」がつきものですし、運が悪ければ、企業が倒産したり、不祥事などで株が紙くず同然になったりすることもあります。その危険性は重々ご承知ください。

NISAって何？

平成26年から投資に関する税制が大きく変わりました。

その目玉として、NISAが始まりました。

証券会社がテレビやインターネットで散々宣伝しているので、聞いたことがある人も多いのではないでしょうか？

証券会社のコマーシャルだけを見ていると、NISAって何かすごい儲け話のようにも思えます。が、実はそれほど大げさな儲け話ではありません。むしろ儲け話ではなく、**株式投資の税金が一定の条件で安くなる**、という制度に過ぎません。

しかし、株式投資をしようと思っている人、今、やっている人にとっては、かなり節税になりますので、知っておいて損はないのです。

ＮＩＳＡというのは、簡単にいえば、年間１００万円までの投資であれば、そこから得た値上がり益や配当金（分配金）は非課税になる、という制度です。以前の税率は10・１４７％でしたが、平成26年からは通常20・３１５％に変更になりました。この20・３１５％の税金が、ＮＩＳＡではゼロになるのですから、かなりお得ということになります。

たとえば、もし１００万円の値上がり益があった場合、本来は20万円程度の税金がかかってくるのです。それがゼロになるというのだから、違いは大きいといえます。

そして、ＮＩＳＡは、年間１００万円ずつ投資の枠がもらえ、最大枠が５００万円となります。だから、最大５００万円までの投資について、そこから得た値上がり益や配当金（分配金）は非課税になるわけです。

逆にいえば、最大でも５００万円までの投資しかＮＩＳＡの対象にはならない、ということです。つまりはプロの投資家などではなく、一般の少額投資家を対象とした制度だといえます。ありていにいえば、小金を貯めこんでいる人の預貯金を、株に投資させようということですね。

このNISAは、イギリスがつくった「ISA（個人貯蓄口座）」をモデルにしています。イギリスは、少額の個人投資を対象としたISAという制度をつくり、株式市場を活性化させました。なので、日本もそれにならったわけです。

で、このNISAが有効なのは5年間だけです。

どういうことかというと、1年目に100万円の投資をしたとします。この100万円の投資に対する利益が非課税になるのは、5年間だけなのです。6年目には税金がかかってくるのです。

なので、1年目の100万円分の投資は、そのまま持ち続ければ、税金がかかることになります。

しかし6年目には、1年目の100万円の枠がなくなることで、100万円の枠が一つ増えます。だから、1年目に投資した株などを、新しい枠に取り込むという形で、そのまま持ち続けることも可能です。その辺はちょっとややこしいので、証券会社の人と相談してください。

どうすればＮＩＳＡを始められるか？

ＮＩＳＡを始めるには、証券会社に口座をつくらなければなりません。

現在、証券会社各社にとって、ＮＩＳＡの口座はかきいれ時ですので、どの証券会社も問い合わせをすれば、喜んで馳《は》せ参じてくれるでしょう。

ただ対面販売の証券会社よりも、ネットの証券会社のほうが、株の売買手数料が安くて済みます。なので、ネットで証券口座をつくれる人は、そちらを利用したほうがいいでしょう。ネットでの証券口座の開設は、そう難しいものではありません。先方から送られてくる書類に、必要事項を記載するだけです。クレジットカードの申し込み程度の作業で済みます。

でも、今まで証券口座をつくったことがない人はいろいろ不安でしょうから、ＮＩＳＡの内容などを詳しく聞きたい人は、無理をせずに対面式の証券会社でつくりましょう。また証券会社はいろいろ選べますので、いくつかの証券会社をじっくり検討してみましょう。一つの証券会社で説明を受けて、それですべてお任せするようなことは避けたほうがいいでしょう。

なぜなら、一旦証券会社でＮＩＳＡの口座をつくった場合は、４年間は他社に乗り換えられないのです。自分はどういう投資をするのかをまず決めて、各証券会社がどういうときに手数料がいくらかかるのか、などを詳細に検討してから口座をつくってください。

ＮＩＳＡといっても、普通の株式投資、投資信託と変わりませんので、くれぐれも相応のリスクがあることは覚悟してください。

ＮＩＳＡにもデメリットはある

先ほどＮＩＳＡは「投資」であり、元本が割れるリスクは多々あるということを述べました。

では、「リスクさえ覚悟すれば、ＮＩＳＡはいいことずくめか？」「普通の投資よりも絶対に有利なのか？」というとそうでもありません。

というのは、ＮＩＳＡは、利益が出たときには非課税となっていますが、損が出たときの税制上の救済措置はまったくないのです。

普通の株式投資などの場合は、一つの株で損が出たときには、他の株の儲けと合算して計算することができます。たとえば、Aの株で200万円儲けても、Bの株で200万円損したならば、所得は差し引きゼロということになります。そして、年間の合算額に赤字が生じた場合には、その赤字を翌年以降（三年間）に持ち越すことができます。

たとえば、株の取引一年目で200万円の赤字が出たとします。二年目には200万円の黒字が出たとします。この二年目の収支は、前年の赤字が繰り入れられるので、差し引きゼロになるというわけです。この赤字の繰り越しが三年間可能なわけです。

しかしＮＩＳＡでは、赤字の通算や、繰り越しということができません。ＮＩＳＡはもともと税金がかからないので、黒字になっても赤字になっても、税金ゼロということは変わりません。

ダイナミックに株取引をしている人は、一つの取引で損をしたときに他の取引と通算できなかったり、赤字が繰り越せなかったりすることは、取引規模を維持していく上で大きなデメリットとなります。

この点は承知してＮＩＳＡを始めるべきでしょう。

第6章

税金は払うものではなく使うもの

給料以外の収入を手っ取り早く得る方法・「補助金」

これまで、税務署員の貯蓄や資産形成の方法についてご紹介してきました。が、税務署員は他にもさまざまなお金の裏ワザを持っています。

税務署員は、自分の給料をうまく運用するだけではなく、自分の収入を増やす方法も持っているのです。

サラリーマンは、給料以外に収入は得られないと思い込んでいます。が、決してそうではありません。サラリーマンが給料以外の収入を得る方法は、けっこうあります。

筆者は副業のことをいっているのではありません。確かに副業をすれば、給料以外に収入が得られることもあります。副業で大成功を収めているサラリーマンの方も多くいらっしゃいます。

が、副業をして収入を得るのはけっこう大変です。会社によっては、副業を禁止しているところもあります。なので、本章では副業については触れません。

じゃあ、どうやって収入を得るのかというと……、

「**補助金**」

です。

実は、国や地方自治体は、さまざまな補助金制度をつくっています。

補助金というと、公益法人など、特殊な人たちがもらうものと思われているかもしれませんが、一般向けの補助金もけっこうたくさんあるものなのです。

そういう補助金の情報は、なかなか世間に出まわっていないことも多いのです。が、そういう情報は、別に特別な方法を使わなくても簡単に手に入ります。自治体などのサイトを見ればいいだけです。

税務署員は、そういう補助金のことをよく知っています。**金持ちや事業家の中には、補助金をうまく利用している人が多い**からです。また税務署員は、官僚として官庁の情報にはそれなりに通じています。だから、自分たちが受けられる補助金などの情報はいつもチェックし、上手に活用しているのです。

もちろん、それは税務署員だけじゃなく、サラリーマン全般が利用できるものです。

サラリーマンというのは、税金を天引きで徴収されています。

所得税、消費税、法人税、これらのほとんどは実質的にサラリーマンが負担しています。今の日本の税収のうち、サラリーマンが寄与する部分は非常に大きいのです。

しかし、たくさんの税金を払っているのに、あまり税金の恩恵を受けていないのもサラリーマンです。

国が支出している補助金なども、サラリーマンはあまり使っていません。また国の社会保障費の大きなウェートを占める医療費も、サラリーマンはあまり使っていません。

つまり、サラリーマンは、税金は払うけれど、使っていないのです。

こんなバカバカしい話はありません。

世の中には、税金は払わずに使ってばかりという人がたくさんいます。

サラリーマンもそういう人たちを見習うべきなのです。ちょっとした知識があれば、あなただって税金を使えるのです。

本章では、それをご紹介していきたいと思います。

住宅ローンを税金で払ってもらう

地方自治体ではさまざまな補助金、助成金を設けています。

サラリーマンがもっとも利用しやすく、かつ実用的なのは、住宅関連の補助金です。だから、まずはこの住宅関連の補助金からアタックしていきましょう。

これまでサラリーマンに家を建てることを推奨してきましたが、家を建てる際に一番重要なのは資金でしょう。

サラリーマンはローンが組みやすいとはいえ、やはり家を買うのには相当な資金を要します。

もちろん、全部、自己資金で家を買えたり、親などに家の購入費を出してもらえたりするならば、それに越したことはありません。でも、ほとんどの人は、何らかの形で、家の購入資金を調達しなければならないわけです。購入資金をどうするかが、家を買う際に重要なポイントとなることは間違いありません。

その住宅資金に関して、自治体が補助を出していることがけっこう多いのです。

市区町村などでは住民を増やすために、家を買って住んでくれる人に対して、支援をする制度をつくっているケースが多々あるのです。

地方で、Iターン希望者やUターン希望者に住居を格安で提供するというサービスがあることは時々、マスコミなどで報じられます。

が、都心部でも、これに似たような制度を持つ自治体はけっこうあるのです。

これを上手に利用すれば、格安で家を購入することができます。

二世帯住宅を買えば最高500万円を援助してくれる東京都千代田区

家を購入した場合にもらえる補助金として、代表的なものをご紹介しましょう。

東京都の千代田区では、二世帯住宅を購入すれば、最高約500万円の援助をするという制度があります。

これは、区内で移転した若い世帯、区内の親元に戻ってきた若い世帯などに、家賃や住宅ローンの支援をするというものです。「**次世代育成住宅助成**」といわれるもので、若い子育て世代の住宅費用を援助して、千代田区にたくさん住んでもらおうという制度です。

東京都の23区内は、家賃や住宅購入費が高いですからね。こういう助成金制度をつくっている自治体はたくさんあるのです。自治体としても、人が少なくなれば税収も減るし、国からの交付金も減ってしまいますからね。

千代田区はこの支援制度で、世帯人数に応じて最低2万円から最大8万円の補助金を8年間出すのです。

補助金額は毎年、段階的に減っていきますが、家族の人数によって最大で総額499万2000円の補助金を受け取ることができます。だいたい500万円ももらえるのです。すごくないですか？

家の購入費が2000万円とすれば、その25％を区が出してくれるんですよ。

もちろん、500万円というのは大家族の場合ですが、小家族でも相当の補助金を受けられるのです。最低でも200万円程度はもらえると思っていいでしょう。

千代田区内に親が住んでいる人、実家がある人は、絶対にチェックしておきたい情報です。

住宅取得支援をしている主な市区町村

全国には他にも同様の支援をしている市区町村はたくさんあります。

が、ここでご紹介するのはその一部ですので、家を購入しようと思っている方は、住みたいと思っている地域の市区町村のホームページでチェックしてみてください。

• 住戸専有面積

(1) (原則) 住み替え先の住戸の専有面積が、住み替え前のものよりも広くなること

(2) 住み替え先の住戸の専有面積が、次の基準を満たすこと（賃貸・マイホーム共通）

2人世帯	30.0㎡以上
3人世帯	40.0㎡以上
4人以上世帯	50.0㎡以上

• その他

(1) (マイホームのみ) 金融機関から総額1,500万円以上の融資を受けて取得したものであること

(2) 同居する者全員が住民税を滞納していないこと

(3) 地域の町会に加入すること

●募集

申請受付期間は、平成19年度から平成27年度まで。

• 親元近居助成　年間50世帯
• 区内転居助成　年間50世帯

先着順で、募集世帯数の上限に達したときはその年度内の申請受付を締め切る。

●助成期間

開始：本申請月の翌月

終了：最長8年間または末子が18歳に達する年度

詳しくは千代田区のホームページで。

https://www.city.chiyoda.lg.jp/koho/machizukuri/sumai/jose/jisedai.html

千代田区の住宅支援制度

●制度の内容

支援制度は二つあり、一つは親世帯と近隣に住みたいと思っている若い世帯のための支援制度。「親が区内に５年以上住んでいて、親の近くに引っ越しする世代」に、区から支援が出る。

もう一つは、子供の成長等により、区内でより広い家に住もうとしている若い世帯のための支援制度。「区内に１年以上住んでいる若い世帯が、区内で住み替えるとき」に、区から支援が出る。

区内の世帯バランスの改善（若い世帯を増やす）のための制度。

●対象世帯

千代田区内の民間住宅、マイホームへの住み替えをする世帯のうち、次の①②のいずれかに該当する世帯が対象。

① 親元近居助成
区内に引き続き５年以上居住する親がいる新婚世帯・子育て世帯で、区外から区内への住み替え、または区内での住み替えをする場合。

② 区内転居助成
区内に引き続き１年以上居住している子育て世帯が、区内での住み替えをする場合。

●条件

次のすべての条件を満たす必要がある。

・年間所得
世帯の年間所得の合計が、以下の範囲内であること。
２人世帯　189万6,000円～1,038万8,000円
３人世帯　189万6,000円～1,076万8,000円
４人世帯　189万6,000円～1,114万8,000円
※世帯人数が１人増すごとに38万円を上限に加算

・北海道　：三笠市ほか
・山形県　：山形市ほか
・東京都　：台東区、北区、立川市、青梅市、調布市、武蔵村山市、稲城市、羽村市、西東京市ほか
・神奈川県：相模原市、藤沢市、茅ケ崎市、逗子市、厚木市、伊勢原市、海老名市、座間市、綾瀬市ほか
・埼玉県　：越谷市、春日部市ほか
・千葉県　：千葉市、君津市、富津市、匝瑳《そうさ》市ほか
・茨城県　：常陸太田市、下妻市ほか
・岐阜県　：飛騨市ほか
・大阪府　：大阪市、岸和田市、河内長野市ほか
・兵庫県　：尼崎市、相生市ほか
・和歌山県：和歌山市、橋本市ほか
・鳥取県　：鳥取市ほか

・山口県　：山口市ほか

耐震補強、バリアフリー工事にも補助金が出る

自治体が出している補助金は、建設資金だけではありません。

耐震補強などにも広く補助金を出しています。

東日本大震災の影響もあり、昨今、国や自治体では、住居に耐震補強をすることを勧めています。

東京都の渋谷区では、「木造住宅耐震改修助成」という木造住宅の耐震補強をする際に、助成金を出す制度があります。これは住民が耐震補強工事をした場合、最大で１５０万円の補助金を出すという制度です。

これも渋谷区のみならず、東京都町田市、調布市、神奈川県鎌倉市、群馬県高崎市、北海道岩見沢市など、さまざまな自治体で同様の制度を持っています。

地震や台風などの災害が多発する中、耐震補強工事などを行いたいと思っている方も多いでしょう。その際、自分の住んでいる自治体が補助金を出していないかどうか、必ずチェッ

クしたいものです。

補助金で生ごみ処理機を買おう

生ごみ処理機の購入時に、補助金を出してくれる自治体もあります。

東京都品川区、荒川区、小金井市、山梨県甲府市など、生ごみ処理関係の助成金を出している自治体は多数あります。

たとえば、品川区は電動式生ごみ処理機を購入した場合、購入費用の3分の1を補助(上限2万円)し、小金井市は購入費用の80%を補助(上限5万円)しています。

ぜひ、お住まいの自治体や、これから住もうと思っている自治体のサイトをチェックしてみてください。

住む場所によって全然お金は変わってくる

ここまでご紹介したように、各地の自治体は、住民にさまざまな補助金を出しています。

内容によっては、住民が非常に恩恵を受けられることもあるのです。

が、これは補助金に限った話ではありません。

あまり知られていませんが、行政サービスというのは、自治体によって大きく違うのです。

国民健康保険料や水道代といった、ごくごく基本的な公共サービス料金でさえ、自治体によって大きく変わってきます。

国民全部が同等の権利を持っているはずの国民健康保険料が、自治体によって違うというのは、はなはだ不自然な話ではあります。が、現状はそういうシステムになっているのです。

サラリーマンであれば、健康保険料はだいたい同じです。

しかし、会社を辞めれば、社会保険料は住む場所によって大きく違ってきます。月に数万円変わってくることもあります。サラリーマンを辞めた後の生活はけっこう長いはずです。

もし、月に数万円も余計に国民健康保険を払っていれば、それが数十年続くことになります。

場合によっては、数百万円単位で納めた額も違ってくるでしょう。

経済生活にとって「住む場所」というのは、重要な要素を占めるのです。

また子育てに関する行政サービスも、自治体によって非常に大きな隔たりがあります。

だから、住む場所は慎重に選択しなければなりません。

もう家を購入しているような人は、仕方ないかもしれません。そういう方は、自治体のサイトから情報を収集して、受益できる行政サービスを逃さないようにしましょう。

まだ住む場所が決まっていない人、これから結婚したり、家を購入しようと考えているような人は、ぜひ慎重に検討してください。

では、これから自治体によってどれほど行政サービスに違いがあるのか、自分に有利な自治体を探すにはどうすればいいのか、をご紹介していきたいと思います。

国民健康保険

まずは国民健康保険のお話をしましょう。

現在、日本国民の健康保険には、大まかにいって二種類あります。サラリーマンの方は「健康保険」であり、それ以外の自営業者の方や無職などの方は「国民健康保険」です。

「健康保険」の方は、一律で保険料率が決まっており全国でほぼ同じです。が、「国民健康保険」は、保険料の計算の方法が自治体によってまちまちであり、大きく異なるのです。単に高い安いだけではなく、家族構成によっても高い安いが変わってきたりするのです。

サラリーマンの方は、在職中は給料から天引きされる「健康保険」に加入していますが、退職すれば「国民健康保険」に加入しなければなりません。だから、「国民健康保険」は、他人事ではないのです。

その例をご提示しましょう。

たとえば、東京都練馬区と東京都西東京市の場合。この二地域は隣同士ですが、国民健康保険の額はまったく違います。

国民健康保険料の計算は、だいたい次のような算式になります。

所得割 ＋ 均等割 ＋ 世帯割 ＝ 国民健康保険料

所得割というのは所得に応じて課せられるものです。均等割というのは加入者一人あたりが定額を支払うものです。世帯割というのは一世帯あたりいくらというふうに支払うものです。これらを合計したものを払うことになります。

西東京市では、所得に対して一定の比率でかかる所得割が８・７３％です（後期高齢者支援分、介護保険分を含む。以降すべて同じ）。

一方、練馬区はこの所得割が9・91％もあります。

西東京市より高いです。

西東京市は、だれもが払わなければならない均等割が4万3600円、一世帯につき払わなければならない世帯割が8800円です。

一方、練馬区は世帯割がありませんが、所得割だけで5万9400円（40〜64歳）もします。40歳未満もしくは65歳以上の場合は、4万4700円です。

だから、練馬区の場合は、国民健康保険料は割高で、大人数の家族の場合は、さらに割高になるということになります。ただし、低所得の若者の一人暮らしの場合は、練馬区のほうが西東京市よりも割安になります。

市町村（もしくは区役所）に聞けば、国民健康保険の計算方法はすぐに教えてくれますし、ホームページにも掲載されています。終《つい》の棲家《すみか》を探す際には、ぜひ参考にしたいものです。

国民健康保険料は、人口の多い都心部が安く、人口の少ない地方が高いとは限りません。都心部でも高い地域と安い地域があり、地方でも高い地域と安い地域があります。

また、独身者に有利な地域もあれば、大家族に有利な地域もあります。

だから、その地域の計算方法を自分の家族構成に照らし合わせて、シミュレーションしてみないとわからないのです。

水道料金は住む場所によって全然違う

次に水道料金のお話をしましょう。

あまり知られていませんが、上下水道の料金は住んでいる市区町村によってかなり違うのです。

電気料金は、現在のところ各電力会社でほとんど変わりません（自由化されることで、大きく変わる可能性はあります）が、水道料金については、10〜20％くらい変わってくることもあるのです。

たとえば、東京都の昭島市では、月4340円です（口径20センチ、30㎥使用した場合）。しかし、隣接している東京立川市では、同じ条件で使用すると月6060円なのです。その差は1720円です。

隣接している都市にもかかわらず、こんなに水道料金が違うのです。年に換算すると約2万円、10年だと約20万円の差になります。

水道料金の比較（口径20センチ、30㎥使用した場合）

東京都23区	6,060円
東京都立川市	6,060円
東京都昭島市	4,340円

庭で園芸をしたり洗濯物が多かったりで、水を多く使う家庭などでは、その差はかなり大きいものになります。

今後、引っ越す予定のある人や、家の購入などを考えている人は、ぜひ水道料金も検討材料にしてください。

水道料金は、各市区町村のホームページを見れば確認できます。

子育て世代こそ裏ワザを駆使しよう！

子育てに関する行政サービスも自治体によって大きく異なります。

昨今の少子化社会を反映して、子育て世代に対しては、市区町村もなるべく支援をするように心がけているようです。が、市区町村というのは、財政に余裕のあるところ、余裕のないところがあります。なので、市区町村によって、子育て支援の内容はかなり違ってくるのです。

たとえば、子供の医療費。

高校卒業まで医療費が無料という市区町村もあれば、小学生のときから、若干の医療費負担がかかる市区町村もあります。

子供が産まれたら御祝い金などをくれる市区町村、保育園や幼稚園の補助金を出してくれる市区町村もあれば、そういう制度がまったくない市区町村もあります。

市区町村の行政サービスにもっとも差が出るのは、子育て支援といえるでしょう。

さらに、市区町村の中には、新婚家庭に対して家賃補助などをしてくれるところもあります。

人生の中で一番お金がかかる時期というのは、子供が産まれてから成人するまでの間といえるでしょう。

しかし、この世代のサラリーマンの多くは、給料がそれほど高くありません。だから、サラリーマンにとって、子育て中は金銭的に一番苦しい時期だといえます。

だから、新婚、子育て世代は、よくよく住む場所を考えなくてはならないといえます。

子供の医療費が安い自治体とは？

日本人は皆、どこに住んでいても医療費は変わらないと思っています。でも、決してそうではないのです。

あまり知られていませんが、住む場所によって子供の医療費は違ってくるのです。

ほとんどの市区町村で、子供の医療費の自己負担分を助成してくれます。

が、この助成金の制度が、市区町村によってまちまちなのです。だから、市区町村によっては、医療費が大きく変わってくる場合があるのです。

たとえば、東京23区ではどこでも中学生までの医療費は無料です。診察費も入院費も自己負担ゼロです。しかも、所得制限はありません。ただし、入院中の食事代は助成されません。

また23区の中でも、北区は入院医療費が高校まで無料になっています。

が、同じ東京でも、八王子市では、小学校入学前までは医療費が無料ですが、小学生以上、中学生までは通院1回につき200円の自己負担となり（入院は無料）、助成を受けるためには所得制限があります。また入院中の食事代は、助成には含まれません。

さいたま市では、中学生までの子供の医療費は、通院、入院とも全額助成され、しかも入院中の食事代も半分が助成されます。所得制限はありません。

大阪市では、中学生までの子供は通院一回につき500円の自己負担となり（それ以上の自己負担分を助成）、通院が月三回目以上になれば、三回目からは500円の自己負担もなくなります。入院の場合は全額が助成され、食事代も助成されます。ただし所得制限があります。

名古屋市では、中学生までの子供の医療費自己負担金は全額が助成され、所得制限もありませんが、入院中の食事代は助成されません。

病気がちで入院が多い子供などは、入院中の食事代まで助成される市区町村に住んだほうがいいでしょうし、健康な子供だって自己負担金が全額助成される市区町村に住んだほうがいいということになります。

これから子供を産もうと思っている家庭、子供が産まれて引っ越しを考えている家庭では、ぜひ居住先の市区町村の子供の医療費を確認してください。子供の医療費の助成金は、各市区町村のホームページを見れば載っています。

子供三人目からベビーカーかチャイルドシートを無料支給する台東区

市区町村の中には、子育て世帯にさまざまなサービスをしているところもあります。特に、子供がたくさんいる家庭に対しては、保育料の無償化など、手厚いサービスもあります。少子高齢化社会で、子供が少なくなったので、なるべく多くの子供を育ててもらおう、という狙いが見え隠れしていますね。

たとえば、東京都台東区では「にぎやか家庭応援プラン」という行政サービスがあります。これは、三人以上の子供が産まれた家庭で、第三子以降の子供に対して、出生時、小学校入学時、中学校入学時の計三回、区からお祝い品が支給されるというものです。

出生時には、ベビーカーとチャイルドシートのどちらか、または3万円分の商品券等がもらえます。ベビーカーもチャイルドシートもけっこう値段が張るものなので、かなりありがたいものではないでしょうか？

小学校入学時、中学校入学時には、それぞれ3万円分の商品券等がもらえます。

民間保育園の保育料を月3万円補助してくれる練馬区

東京都の練馬区でも、充実した子育て支援制度があります。

都が認証する民間の保育所に子供を預けた場合、最大月2万円の補助金が出るという制度があります。都の認証保育所というのは、国の基準による「認可保育所」とは別に、東京都

台東区の子育て支援の対象者

台東区に居住する家庭で、子供が3人以上いる家庭
●支援の内容 出生時　①ベビーカーとチャイルドシートのどちらかを選択 ②おむつ交換券、子供商品券、図書カード、コミュニティバス回数乗車券それぞれ1万円分相当のうち、3セットまで選択 小学校入学時　子供商品券、図書カード、コミュニティバス回数乗車券それぞれ1万円分相当のうち、3セットまで選択 中学校入学時　全国共通商品券、図書カード、コミュニティバス回数乗車券それぞれ1万円分相当のうち、3セットまで選択

練馬区の認証保育所の補助金対象者

練馬区の住民で、都内の認証保育所に月160時間以上の月ぎめ契約をしている家庭
●補助金の内容（入所児童一人、1か月あたり） 0歳児　…2万円 1歳児～2歳児…1万5,000円 3歳児以上　…1万円

が独自の基準で認証する保育所のことです。「認可保育所」よりも長時間の保育をしてくれるなど、利便性が高い民間の保育所です。ただ若干保育料が高いため、その分を区が補助してくれるというわけです。

また練馬区で第三子が産まれた家庭には、お祝い金として20万円が支給されます。子供をたくさんつくろうと思っている家庭には、練馬区は住みやすいところといえるでしょう。

子育てを応援してくれる主な市区町村

東京都台東区、練馬区の他にも、子育て支援をしてくれる自治体はたくさんあります。東京都北区では、高校生まで入院費が無料になる制度がありますし、大阪府池田市では第四子以降の子供には、保育料を全額支給する制度があります。

子育て世帯が引っ越しする際には、ぜひ住もうと思っている地域の行政サービスをチェックしておきましょう。

・東京都練馬区：都の認証する民間保育所を利用した場合、保育料を月最大２万円補助
・東京都台東区：第三子以降の子供にベビーカーなどの記念品を計３回支給。
・東京都北区　：小中学生の医療費無料に加え、高校生までの入院治療費も無料
・東京都中央区：妊娠している妊婦にタクシー券１万円分、出産祝い買物券３万円分支給
・東京都渋谷区：出産時に子供一人につき限度額10万円の助成金を支給
・埼玉県幸手市：子供が二人以上いる場合、小中学校の給食費補助
・大阪府摂津市：小学生（新入生）にランドセルを無料配布
・兵庫県相生市：小中学校の給食費無料
・福岡県福岡市：第三子以降の子供については、市立幼稚園、認可保育園無料、私立幼稚園年額30万円補助
・北海道三笠市：乳児に月６５００円分のおむつ券、幼稚園、保育園実質無料

第7章
借金上手は蓄財上手

「サラ金から金を借りたらクビ」という不文律

「サラ金から金を借りたらクビ」

税務署員には、こういう不文律があります。

サラ金というのは、消費者金融のことです。有名な女優さんや芸人さんがよく宣伝しているア○ムとかプ○ミスのことです。ご存知ですよね？

消費者金融でお金を借りるなんて、普通の市民にとって、そんなに特別なことではありませんよね？

普通のサラリーマンだったら、消費者金融からお金を借りるだけでクビになるなんて、まったくものではない、という感じではないでしょうか。

なのに、なぜ税務署員だけにそんな決まりがあるのでしょうか？

それは、税務署員は、「お金に身ぎれいでなければならない」からなのです。

何度か触れましたが、税務署員は、納税者に税金を課したり、税金徴収したりする仕事をしています。公金を扱う仕事です。賄賂などをもらったり、徴収した税金を横領したりすれば、市民からの信用がガタ落ちしてしまいます。そういう税務署員が多発すれば税務行政は成り立ちません。

だから、税務署員には、お金に厳しい姿勢が求められるのです。

サラ金から金を借りるくらい、いいじゃないかと思う人も当然いるはずです。サラ金で身を持ち崩す人もいますが、サラ金を利用している大半の人は、ちゃんと普通の生活を続けています。もしサラ金利用者のほとんどが身を持ち崩しているんだったら、非常に大きな社会問題になっているはずですし、そもそも、サラ金業者の経営自体が成り立ちません。

普通に考えれば、サラ金というのは、そこまで危険なものではないはずです。

しかし、税務署員というのは、少しでもお金に不安を抱えていてはならないのです。税金を徴収する際に、サラ金の返済のことが頭をかすめたりしてはならない、だから、税務署員はサラ金から金を借りてはならないのです。

また、税務署員の場合、「サラ金からお金を借りる」ということは、「計画性がない」とみなされます。

ご存知のように、サラ金というのは非常に利息が高いです。銀行や公的機関などから借りるより、10％程度も利息が違ってきます。税務署員は、国家公務員であり、サラリーマンなので、お金を借りようと思えば、たくさん方法があります。サラ金よりも、はるかに安い利息で借りる手段はいくらでもあるのです。

にもかかわらず、サラ金に手を出してしまうということは、「他の金融機関でお金を借りられない人」か「他の金融機関でお金を借りる時間がないほど、お金に切迫している人」に見られてしまうのです。

サラ金でお金を借りる人のほとんどは、銀行などのわずらわしい手続きが面倒で、素早くお金を借りたい、というのが最初の動機になっているはずです。が、税務署員の中では、そういう人は「計画性がない」ということになるのです。

そして、お金に計画性がない人は、お金の誘惑に弱いとされ、税務署員としては不適格とみなされてしまうのです。

実際に、サラ金から金を借りてクビになった人もいる

この「サラ金でお金を借りたらクビ」という不文律は、単なる噂ではありません。

実際に、サラ金でお金を借りたためにクビになった職員を、筆者は何人か知っています。

税務署の組織の中には、監察官という官職の人がいます。監察官というのは、税務署員の素行に問題がないか、もし問題があれば事が大きくなる前に未然に防ぐのが仕事です。彼らは定期的に、サラ金などからも情報を集め、税務署員が利用していないかをチェックします。それは、特に難しいものではありません。なぜなら税務署は、あらゆる企業の帳簿を自由にチェックする権限を持っているので、サラ金業者の顧客名簿をチェックするのも、正式な権限の一つなのです。

そして、税務署員がサラ金を利用していることが発覚したらどうなるか？

まずは、その署員の借金の総額、生活状況などを調査します。そして、職場の共済からの融資に切り替えたり、親から金を借りさせたりして、サラ金からの借金の清算をさせようと試みます。その時点でサラ金の借金が清算できれば、その人は退職せずに済みます。厳重注意をされるだけで、クビはつながるのです。

が、サラ金からの借金の清算ができなければ、その人は退職を勧告されます。退職金でその借金を清算しろ、というわけです。

「サラ金から金を借りればクビ」というのは、法律で決められているわけではないので、税務署としても強制的に退職させることはできません。だから、あくまで勧告なのです。

が、退職を勧告された署員は、税務署の不文律の厳しさを知っています。もし退職を拒否しても、絶対に出世は見込めませんし、周りからも白い目で見られ続けます。

また、退職を受け入れれば、税務署では会計事務所などに再就職を斡旋してくれます。税務署としても、強制的に退職させた後お金に困って犯罪でも起こされれば、「元税務署員の犯罪」として、税務署全体が非難を浴びます。なので、退職させるにしろ、一応次の仕事の面倒は見るのです。

その署員としても、居づらくなった税務署に居座るよりは、再就職先も紹介してくれるので退職を選ぶのです。

そうやって退職していった署員を、筆者は何人も知っています。

なぜ税務署員はサラ金から金を借りたらダメなのか？

「サラ金から金を借りればクビ」

という税務署の掟《おきて》は、傍《はた》から見れば厳しすぎるようにも思えるでしょうが、賢い経済生活を送っていく上で、非常に理（利）にかなったことでもあります。

借金をした場合、人はどうしても毎月の返済額ばかりに目が行きます。

「このくらいの返済額ならまあいいか」

と思って、安易に高利の借金に手を出してしまうのです。

が、借金というのは、ボディブローのように徐々に効いてくるのです。

このくらいなら大丈夫と思っていた返済額も、それが長期間にわたると、経済生活を圧迫していきます。

そして、何より、高い利息を払っているのは、非常に損でもあります。

15％の利息でお金を借りるのと、5％の利息でお金を借りるのとでは、返済総額がまったく違います。１００万円借りた場合に、年間で10万円もの差が出るのです。それが、もっと大きな金額で、もっと長い期間だった場合、何十万円、何百万円の差が出てくるのです。

わずかな手間を惜しむと何十万～何百万円の損をする、と知ったなら、ほとんどの人はサラ金に手を出さないはずです。でも、借金をするときには、そこまで見えていないのです。

サラリーマンは定期的な収入があるので、お金の計画は立てやすいはずです。これが自営業などではそうはいきません。定期的に収入をもらえるという約束はありませんから、無収入の状態が続いたり、お金が一度にたくさん入ってきたりするのです。そういう状態では、なかなか計画的に経済生活を営むことはできません。

つまり、サラリーマンの強みは、お金の使い方に計画性を持たせることができる、ということです。そして計画性を持っていれば、サラ金からお金を借りるようなこともなくなるはずなのです。

サラリーマンも借金上手は出世する

サラ金からお金を借りることはできない税務署員ではありますが、では彼らが全然借金をしないのかというと、それは違います。

むしろ彼らは、非常に上手に借金をします。

上手に借金をするというのは、経済生活の上で非常に大事なことです。

高いものを買うときに、現金だけで買おうとしても、手が出ないことがあります。また、人生の中では、結婚や出産の費用、教育費など、大きなお金が必要となるときがあります。

家族の誰かが大きな病気をしたりとか、思いも寄らない災害を受けてしまったりすることもあります。

それを手持ちの現金だけで常に乗り切れるかというと、なかなか難しいものでもあります。

だから、経済生活をしていく上で**「借金する技術」というのは、非常に重要なスキル**だともいえます。

サラリーマンの方に、まず覚えておいていただきたいのは、「サラリーマンは借金をしやすい」ということです。

サラリーマンの方はあまり気づいていないようですが、金融機関は、サラリーマンにお金を貸すのは大歓迎なのです。

というのも、サラリーマンは安定収入があるし、めったなことでは貸し出し金が焦げ付かないからです。消費者金融が、サラリーマンに対して無担保で簡単にお金を貸してくれるのは、そのためなのです。

サラリーマンは、どこの金融機関も簡単にお金を貸してくれるから、かえって借金に対して無頓着になりがちです。

「借りやすいところから借りればいいや」

という感じで、身近なところで借りてしまいます。

特に、消費者金融などでは、申し込んだその場で融資したりしてくれるので、思わず利用したくなる人も多いでしょう。

しかし、それは間違いです。

借金をする際に、一番気をつけなくてはならない点は、利息です。

借金では利息が安いに越したことはありません。

サラリーマンは、いろんな金融機関がお金を貸してくれるのだから、いろいろ見比べて、一番有利な条件の金融機関を選ぶべきなのです。

有利な条件でお金を借りる場合には、若干、手間がかかります。

そういう融資の場合、申請や審査などが、きっちりしていますからね。しかし、その手間をちゃんとできるかどうかが、「上手な借金」のポイントでもあります。

「ろうきん」を使いこなそう

サラリーマンが借金をする際も、事業者と同様にまず優先すべきは公的金融機関からの借り入れです。

なぜ公的金融機関がいいかというと、繰り返しますが、利率が低く、担保などの条件も緩いからです。

そして公的機関は要件さえ満たしていれば、妙な信用調査などは行いません。だからサラリーマンは、お金を借りようと思ったらまず公的金融機関に行くべきなのです。

そしてサラリーマンが公的金融機関からお金を借りる場合、最初に覚えていただきたいのが「**ろうきん**（**労働金庫**）」です。ろうきんというのは、「労働者のために」つくられた金融機関です。労働者というと堅苦しい言い方になりますが、要はサラリーマンです。

ろうきんは非営利なので、銀行のように収益を出さなくてもいい。だから、利率も低くて借り入れ条件もやさしいのです。

ろうきんの場合、借り入れ目的は車、住宅、冠婚葬祭から、フリーローン（事業資金、投機以外なら、ほぼ何に使ってもいい）まであります。

利息はフリーローンで５〜８％程度（平成27年10月現在）で、消費者金融などとは比べものにならないくらい低いのです。車購入や教育費用などになるとさらに利息は低くなります。

これらのローンはサラリーマンならば、ほぼだれでも利用できます。原則保証人もいりません。借り入れ金額も最高５００万円となっています。まさにサラリーマンのための金融機関といっても過言ではありません。この金利の安さは、利用しない手はないでしょう。

ただしろうきんは役所と半分同じなので、対応は非常に遅いです。銀行や消費者金融に比べれば、相当いらだつことになります。緊急にお金が必要なときは利用しにくいので、普段からフリーローンの口座をつくっておくと便利でしょう。

東京都の「中小企業従業員生活資金融資制度」とは？

お金を借りようと思った場合、都道府県、市町村などのサイトも見てみることです。都道府県、市町村などでは、ろうきんなどよりもまだ安い利率の融資制度を持っている場合が多いのです。

でも、自治体は営利企業ではないので、営業をしたり、頑張ってそれを告知したりということをしません。だから、ほとんど知られないままになっている公的な融資制度もたくさんあるのです。

その一つに、東京都の「中小企業従業員生活資金融資制度」があります。

中小企業というのは、大企業に比べて福利厚生の面で恵まれていないことが多いものです。大企業ならば、会社内で低利の融資などを受けられることも多いようですが、中小企業の場合はなかなかそうもいきません。

それを補うために、中小企業のサラリーマンにも、低利でお金が借りられる制度、「中小企業従業員生活資金融資制度」があるのです。

これは都道府県、市町村がつくっている制度で、各都道府県、各市町村によって、概要はまちまちです（この制度がないところもあります）。

たとえば東京都では、生活資金の融資が70万円までで、利率は1・8％（平成27年4月1日現在）。返済は元利均等月賦で、返済期間は3年以内となっています。子育て、介護支援の融資は100万円までで、利率は1・5％（平成27年4月1日現在）。返済期間は5年以内となっています。

これも普通の融資と比べれば、非常に有利ですね。

中小企業の従業員の人は、使わない手はないでしょう。

また同様の制度は、愛知県や福岡県など全国各地であります。

あなたの自治体でも、この制度があるかもしれません。お住まい、もしくは勤務先の都道府県、市町村の中小企業担当に問い合わせてみてください。

低い利子で融資してくれる国の教育ローンとは?

一般のサラリーマン家庭にとって、住居費の次に負担が重いのは、教育費でしょう。場合によっては、教育費がもっとも負担が重いかもしれません。

最近では、お金がないので進学を諦めるというようなお子さんもけっこういるようです。この少子化時代の貴重な子供たちなのですから、本来は国がきちんと整備して十二分に教育を受けさせるべきでしょう。が、文句をいっても事態がすぐ改善するわけではないので、とりあえず現実的な対応策を考えましょう。

実は国は、せめてもの罪滅ぼしなのか、教育費について有利な融資制度をつくっています。それは**日本政策金融公庫の教育ローン**です。

日本政策金融公庫とは、簡単にいえば国民生活の向上を目的とした金融機関です。通常は事業者向けの融資を行っていますが、教育ローンも事業の大きな柱になっています。

日本政策金融公庫の教育ローンは、子供を持っているほとんどの人が受けられるものです。

教育ローンで認められる使途は、学校納付金(入学金、授業料、施設設備費など)、受験にかかった費用（受験料、受験時の交通費・宿泊費など）、進学の住居にかかる費用（アパート・マンションの敷金・家賃など）、学習塾費、教科書代、教材費、パソコン購入費、通学費用、学生の国民年金保険料などです。

教育にかかる費用のほぼ全般は大丈夫といえます。

借入限度額は３５０万円で、利息は年２・１５％（平成27年10月９日現在）です。母子（父子）家庭、および低所得家庭（年収２００万円以内）の場合は１・７５％です。

返済期間は最長15年で、在学中は利息だけを払う「据え置き」にすることもできます。ですから、在学中に利息だけを払ってやって、返済は子供が就職してからさせる、ということも可能なのです。

このローンは非常に有利なのに、あまり世間に知られていません。現在でも、わずか12万件しか利用されていません。このローンが世間にもっと普及すれば、「親の収入が少ないために進学を諦める」子供も少しは減るのではないか、と思われます。

日本政策金融公庫の全国１５２の支店で取り扱っている他、銀行や信用金庫、信用組合でも取り扱っています。ローンの申し込みは、一年中いつでも受け付けています。

銀行から借りる

サラリーマンがお金を借りる方法として、もちろん銀行も使えます。

銀行というのは、お金を貸すのが仕事です。お金を貸して利息を取らないと、商売が成り立ちません。

だから本来は、お金を貸したいのです。

そもそも銀行は一定の要件を満たしていれば、お金を貸してくれるものなのです。

何度もいいますが、サラリーマンは一定の収入があるので、お金を借りやすいのです。

住宅ローンのみならず、教育ローン、家のリフォームや自動車購入の他、生活資金まで借りられることもあります。

また、地方銀行や信用金庫・信用組合もお金を借りやすいといえます。大手の銀行はなかなか個人を相手にしてくれませんが、地方銀行や信用金庫・信用組合は、個人が重要な顧客ですからね。

自分の生活口座がある銀行では、比較的お金が借りやすいといえます。銀行にとってはお得意様であるわけですし、その口座を見れば収入がどのくらいあるかわかりますからね。銀行としても収入に応じて安心してお金を貸せるわけです。

また昨今の多くの銀行に、カードによるフリーローンがあります。サラ金のカードと同様に、カード一枚でコンビニなどからお金が借りられるというものです。使途に制限もありません。こういうカードを一枚、二枚あらかじめつくっておくと、いざというときに慌てなくて済むでしょう。

サラ金も使いよう

ところで筆者は、税務署員時代には決してサラ金から金を借りたりしませんでしたが、税務署員をやめてフリーライターになってからは借りたことがあります。

フリーライターというのは収入が不定期ですし、駆け出しの頃はなかなか仕事も安定しませんでした。ですので、どうしてもピンチのときには、やむを得ずサラ金から借りたのです。

でも、今も多重債務とか自己破産とかにはなっておらず、普通の人よりは若干、豊かな生活をしています。

だから、サラ金も本当のところをいうならば、「絶対悪」ではないということですね。なるべくなら近寄らないほうがいいけれど、使い方を間違えなければ、身を持ち崩すほどのものではないということですね。

筆者がサラ金から金を借りるときに、必ず自分に課していたことがあります。それは、「**収入のあてがあるときにしか借りない**」ということです。たとえば、「来月には印税が入ってくる、でも、今月は手持ちが少なくて苦しい」というようなときにのみ借りたのです。

収入のあてがないのに、サラ金から金を借りるのは怖いですからね。それは、絶対にするべきではないでしょう。

そして収入が入れば、まずサラ金の返済をしました。何しろ、サラ金は利息が高いですからね。返済を延ばせば延ばすだけ、自分の首を絞めることになります。

サラ金（消費者金融）のメリットというのは、何といっても素早さです。借りたいと思ったときにすぐ借りることができます。このスピーディーさは、やはり便利です。お金って急に必要になることがありますからね。

そしてサラ金のデメリットというのは、利率が高いということです。

だから、緊急にお金が必要なときに消費者金融を利用し、即座に他の金融機関に借り換えるなどすれば、サラ金の良さを生かしつつ、欠点を回避することができるのです。

上手に**お金を借りるために使う金融機関の順序は、次の通りだといえます**。

１　公的金融機関
２　銀行
３　消費者金融

まずは公的機関の門をたたき、それがダメだったら銀行に行く。そしてどうしても緊急に必要なときに、消費者金融に行くということにするのです。

おわりに——大金持ちじゃなくてもいいから、死ぬまでお金に困らない生活を

本書は、お金をテーマにしたものですが、「大金持ち」になるための本ではありません。お金はあるに越したことはありません。が、必要以上にお金があると、逆にお金に振り回される人生になることも多いのです。

筆者は税務署員という職業柄、大金持ちと呼ばれる人にたくさん会ってきました。その中で、お金とはどういうものなのか、ぼんやりとではありますが、わかってきたことがあります。

たくさんお金を持っていればそれで幸福かといえば、決してそうではないということです。

大金持ちは、今の自分のお金が減っていくことを異常に恐れています。彼らにとって、「自分の存在価値＝お金」というケースが多いので、お金が無くなることが怖くて仕方がな

いのです。

だから、常に必要以上にお金を求める性格になってしまうのです。

大金持ちには、そういう性格の人が多いのです（もちろん、すべての大金持ちがそうではありませんが）。

人々が、お金持ちに対して抱く嫌悪感というのは、こういうところに原因があるのではないでしょうか。もちろん嫉妬という要因もあるとは思いますが。

筆者が、本書でいいたいこと、薦めたいことというのは、「お金に困らない生活とはどういうものか考える」ということです。たくさんのお金がなくても、終生、お金の心配をすることがなく、快適に暮らせるなら、それでいい――そんな価値観に共感してくれる読者も多いはずです。

「必要なときに必要なだけのお金を持っていること」

人のお金に関する究極の目標というのは、そこにあるのではないでしょうか？

だから、本書では「現金を貯める」だけではない、いろんな「お金に困らないで済む方法」をご紹介してきました。本書が、あなたの今後の経済生活にとって何らかのプラスになることを切に願っております。

最後に、中央公論新社の黒田氏をはじめ本書の制作にあたって尽力いただいた皆様に、この場をお借りして御礼を申し上げます。

２０１５年　晩秋

著　者

Chuko Shinsho
La Clef
中公新書ラクレ 544

税務署員《ぜいむしょいん》がこっそり教《おし》える
お金《かね》の裏《うら》ワザ
サラリーマン最強《さいきょう》の蓄財術《ちくざいじゅつ》

2015年12月10日発行

著者 大村大次郎《おおむらおおじろう》

発行者 大橋善光
発行所 中央公論新社
〒100-8152 東京都千代田区大手町 1-7-1
電話 販売 03-5299-1730
編集 03-5299-1870
URL http://www.chuko.co.jp/

本文印刷 三晃印刷
カバー印刷 大熊整美堂
製本 小泉製本

Published by CHUOKORON-SHINSHA, INC.
Printed in Japan ISBN978-4-12-150544-6 C1233

中公新書ラクレ刊行のことば

世界と日本は大きな地殻変動の中で21世紀を迎えました。時代や社会はどう移り変わるのか。人はどう思索し、行動するのか。答えが容易に見つからない問いは増えるばかりです。1962年、中公新書創刊にあたって、わたしたちは「事実のみの持つ無条件の説得力を発揮させること」を自らに課しました。今わたしたちは、中公新書の新しいシリーズ「中公新書ラクレ」において、この原点を再確認するとともに、時代が直面している課題に正面から答えます。「中公新書ラクレ」は小社が19世紀、20世紀という二つの世紀をまたいで培ってきた本づくりの伝統を基盤に、多様なジャーナリズムの手法と精神を触媒にして、より逞しい知を導く「鍵《ラ・クレ》」となるべく努力します。

2001年3月